離婚の実務

—合意書・調停申立書・財産分与の登記申請書の書式と理論—

石田 健悟 著

発行 テイハン

はじめに

　本書は、離婚の仕組みや合意書・各調停申立書の作成、財産分与の登記手続等について、法律専門職、研究者、大学院や大学で学ぶ方、家庭問題についての援助や支援をしている方々だけでなく、一般の方にも理解しやすいように説明しています。

　筆者が司法書士として、離婚事件に携わる中で、「離婚したくても、離婚できない人」や「離婚したものの、後で揉めている人」からの相談を受けています。夫婦関係の不和や離婚に至る原因は、それぞれ異なりますが、離婚についてのプロセスを体系的に理解することで、いざという時にどのように対応すべきか（どのような権利を主張できるか、どのような手続を選択すべきか、どのようなことはしてはいけないか）という理論が身につき、弁護士・司法書士・行政書士等の法律専門職に相談しやすくなるのではないでしょうか。

　本書においては、実務で活用できる資料を豊富に掲載しておりますので、法律専門職に頼らず、ご自身で手続をする方にとっての手助けにもなるものと思われます。

　また、法律専門職の中では、未だ離婚事件について専門的に取り組んでいる司法書士・行政書士が少ないと感じます。司法書士・行政書士には、弁護士と異なり家事代理権がありません。そのため、どちらかというと主たる業務が他にあり、離婚事件についてはその知識の延長で対応しているという方が多いのではないでしょうか。離婚の実務は、家事代理権の部分を除いても、とても高度な専門性を要する分野です。

　本書は、第1章において、離婚制度の全体的な枠組みを解説し、第2章においては、離婚についての各種合意書・調停申立書の作成、及び不動産の財産分与による所有権移転登記の申請についての理論と書式に説明を交え、離婚の実務の全体像をイメージしやすいように構成しています。より多くの方に離婚の実務を理解していただくことができれば、幸いです。

目　次

第1章　総　論

第2章　合意書・各調停申立書・財産分与による不動産登記の実務

巻 末 資 料

第1章

総　論

第1　離婚制度の仕組み

　離婚によって、法律上の婚姻関係は解消されます。離婚には、協議離婚、調停離婚、審判離婚、裁判離婚の4つの仕組みがありますが、それぞれの具体的な流れは次のとおりです。

　協議離婚は、夫婦間で離婚の合意がなされ、離婚届を市区町村役場の戸籍係に提出することによって成立する離婚です。しかし、離婚についての話し合いは、財産分与、慰謝料、親権、養育費、面会交流、年金分割等の付随的な事項（以下、「付随事項」といいます。）まで検討することになりますし、当事者が感情的になってしまうことで、スムーズに離婚の合意が成立しないこともあります。離婚の合意が不成立に終わってしまい、夫婦間だけで離婚の合意を成立させることが難しい場合は、家庭裁判所に夫婦関係調整調停（離婚）（以下、「離婚調停」といいます。）の申立てをすることになります（家事事件手続法257条1項）。家庭裁判所に調停が係属し、期日を重ねることで、調停委員会において夫婦間に離婚の合意が成立し、裁判所書記官が調停調書を作成することにより離婚が成立します。しかし、離婚調停でも離婚の合意が成立しないこともあります。その際は、審判離婚（異議申立てによって効力を失うことや、調停から審判に移行すべきかの判断が難しいことからあまり利用されていません。）や人事訴訟法に定める離婚訴訟を提起することによって離婚を試みることになります。

　なお、離婚の効力を生じる時期について、協議離婚は、市区町村役場の戸籍係に離婚届を提出することで、離婚の効力が生じます（創設的届出）。一方、調停離婚、審判離婚及び裁判離婚は、調停の成立、審判や判決の確定によって効力を生じますので、離婚届の提出は、既に離婚したことの報告的な位置づけとなります（報告的届出）。

第2　離婚の効果

　離婚により、夫婦間には次の効果が生じます。

1　再婚の自由

　離婚によって、婚姻関係が終了するため、夫婦のどちらも自由に再婚できるようになります。ただし、妻は、離婚の効力を生じた日から100日間は、再婚をすることができません（民法733条1項）。

2　姻族関係の終了

　婚姻によって生じた姻族関係（民法725条3号）は、離婚によって当然に終了します（民法728条1項）。それにより、親族関係を基礎とする親族間の扶け合いの義務（民法730条）や扶養義務（民法877条2項）は消滅します。ただし、直系姻族間の婚姻を禁止する婚姻障害は存続します（民法735条）。

3　夫婦の氏と戸籍

　我が国には、夫婦同氏の原則が採用されていて、法律婚の夫婦は同じ氏となります（民法750条）が、婚姻の解消によって氏を改めた配偶者は、離婚により原則的に婚姻前の氏に復します（民法767条1項、771条）。この復氏をした（親権を有する子がいない）配偶者は、婚姻前の戸籍がすでに除かれている場合を除き、婚姻前の戸籍に復籍することができますし、離婚により新戸籍の編製の申出をした場合は、新しく自身を筆頭者とする戸籍が編製されます（戸籍法19条1項）。復氏をした配偶者に、親権を有する子がいる場合は、三代戸籍が認められないことから、婚姻前の戸籍が除かれていなくても復籍することはできず、離婚により新しく自身を筆頭者とする戸籍が編製されるのみということになります。

　一方、離婚の日から3か月以内に市区町村役場の戸籍係に届出をすることで、

離婚の際に称していた氏（婚姻中の氏）を称することができます（婚氏続称。民法767条2項。）。戸籍は、同氏同籍が原則なので（戸籍法6条）、離婚届時に婚氏続称するとした場合は、婚姻前の戸籍に復籍することはできず、離婚により婚姻中の氏で新たに自身を筆頭者とする新戸籍が編製されることになります。

　また、離婚後に婚姻前の戸籍に復籍した後で、婚氏続称の届出をした場合は、その届出により新たに自身を筆頭者とする新戸籍が編製されることになります。

　なお、離婚の際に称していた氏（婚姻中の氏）を称することにしたものの、やむを得ない事由により、婚姻前の氏を称したいという場合には、再度氏を変更することができます（戸籍法107条1項）。

4　子の氏

　両親が離婚しても、子の氏や戸籍には影響はありません。離婚により単独親権者となった父又は母が復氏し、戸籍を改めたとしても、子が自動的に親権者の戸籍に入籍するわけではありません。子を離婚により戸籍を改めた親権者の戸籍に入籍させるためには、子（子が15歳未満の場合は法定代理人（親権者））は、家庭裁判所に子の氏の変更許可の申立て（巻末資料1及び2）をし、その許可審判書謄本を添付して市区町村役場の戸籍係に子の入籍の届出をする必要があります（戸籍法98条）。

　なお、離婚により戸籍を改めた単独親権者である父又は母が婚氏続称している場合、子とその親権者の氏は同じとなりますが、子をその単独親権者の戸籍に入籍させるためには、形式的に子の氏の変更は生じないものの、家庭裁判所に子の氏の変更許可の申立てをし、その許可審判書謄本を添付して子の入籍の届出をする必要があります（同条）。

5　祭祀に関する権利の承継

　婚姻によって氏を改めた夫又は妻が、系譜、祭具及び墳墓の所有権を承継した後、協議上の離婚をしたときは、当事者その他の関係人の協議で、その権利を承継すべき者を定めなければなりません（民法769条1項）。なお、その協議

が調わないとき、又は協議をすることができないときは、権利の承継者を家庭
裁判所における調停等により定めることになります（民法769条 2 項。申立書
例は、巻末資料 3 ）。

6　財産分与

(1)　意　義

　　離婚をした夫婦の一方は、相手方に対して財産分与を請求することがで
きます（民法768条 1 項、771条）。財産分与の内容は、第一に夫婦間の協
議によって決めることになりますが、協議が調わないとき、又は協議をす
ることができないときは、離婚の日から 2 年以内であれば、家庭裁判所に
対して協議に代わる処分を求めることができます（民法768条 2 項）。

(2)　対象財産

　　財産分与の対象となる財産は、その名義が夫婦のどちらになっているか
を問わず、夫婦が婚姻中に協力して得た財産（以下、「共有財産」といい
ます。）です。名義を問わないのは、妻が専業主婦である場合等、夫の収
入で生計を立てており、その収入で得た財産が夫名義であっても、それは
妻の家計管理や家事育児等の無償労働の貢献があってこそ形成されたもの
といえるためです。例えば、婚姻後に夫名義で購入した居住用のマンショ
ンや会社員の夫の給与が入金されている夫名義の預貯金等は共有財産とい
うことになります。財産の種類（不動産、動産、金銭、預貯金、退職金
等）については特に限定はありません。共有財産は、夫婦の同居協力扶助
義務を前提とするものですので、婚姻中であっても別居後に得た財産は、
「夫婦が協力して得た」とはいえず、共有財産ではありません。なお、未
成年の子名義の預貯金のうち、夫婦の財産を子名義の預貯金口座で預金し
ているように、夫婦のいずれに属するか明らかではない財産は、その共有
に属するものと推定されます（民法762条 2 項）。

　　また、夫婦の衣食住、教養娯楽、子の養育費等の夫婦が家庭生活を営む
上で必要な費用（以下、「婚姻費用」といいます。）は、夫婦各自がその資

産、収入その他一切の事情を考慮して分担しますが（民法760条）、婚姻費用として拠出された財産が余ったり、貯蓄されたりしたときは、それらは共有財産となります（東京地判昭和46年 1 月18日判タ261号313頁）。なお、小遣いで貯めた現預貯金や趣味のコレクション等、夫婦の共同生活の中で合意で認められた範囲のものについては、それが相当高額であったり、共有財産とのバランスで不公平を生じていたりすることがない限り、分与対象の共有財産には含まれません。

　一方、夫婦の一方が婚姻前から有する財産及び婚姻中に自己の名で得た財産（以下、「特有財産」といいます。）は、その維持に他方の配偶者の寄与や貢献がない限り、財産分与の対象財産とはなりません。特有財産のうち、婚姻中に「自己の名で得た財産」とは、具体的には、親等の相続によって得た財産、贈与によって得た財産（婚姻中に配偶者からプレゼントされた財産も含みます。）、芸術・発明等自身の特殊な才能・能力によって得た財産、ギャンブル・宝くじ等の運試しによって得た財産、婚姻前から有していた財産を原資として得た財産等が該当します。

(3)　財産分与の法的性質

　財産分与の法的性質には、夫婦共有財産の清算としての性質（清算的財産分与）、離婚後に生活に困る配偶者に対しての扶養としての性質（扶養的財産分与）、離婚慰謝料としての性質（慰謝料的財産分与）の 3 つの種類があります。

ア　清算的財産分与

　夫婦共有財産については、その形成に至った夫婦の貢献度に応じて清算するとの考え方で、財産分与の最も中心的な性質です。実務上、共有財産の形成についての寄与の程度は、特段の事情のない限り、その名義に関わらず平等であるとされています。ただし、特段の事情—①夫婦の一方が医者、芸術家、発明家等の特別な才能や能力を有していることで収入を得ている、②共働き夫婦で婚姻費用はほぼ平等に分担し、家事育児等は主に妻が担っている—がある場合には、異なる割合で分与するこ

とになります。

イ　扶養的財産分与

　　離婚すると、夫婦間の同居協力扶助義務（民法752条）及び婚姻費用分担義務（民法760条）が消滅するため、妻が専業主婦であったり、配偶者の一方が未成熟子を監護していたり、病気や障害を有していたりして、離婚によって直ちに生活に困窮してしまうような事情がある場合でも、その者は離婚後、自分で生活を維持しなくてはならなくなります。離婚後すぐに生活が安定する程の収入を得るのは難しい場合も多く、扶養的財産分与は、離婚によって生活に困窮することが予測される配偶者が、離婚後、経済的に自立できるまでの生計を他方の配偶者が財産分与として負担するという性質です。扶養的財産分与の場合、清算的財産分与と異なり、共有財産が無い場合でも、相手方配偶者の特有財産から分与を受けることができます。

　　実務的には、清算的財産分与と後述の慰謝料的財産分与がある程度の額に達する場合は、扶養的財産分与を認める必要はないとされることが多いです。

ウ　慰謝料的財産分与

　　実務では、離婚慰謝料を財産分与に含めることができます。財産分与に含めることができるのは、離婚慰謝料のみです。婚姻中の暴力や傷害等の個別的有責行為に基づく慰謝料については、それが離婚原因であったとしても財産分与に含めることはできず、別の方法で請求することになります。また、財産分与がなされた後でも、それが損害賠償を含めた趣旨と解することができないか、請求者の精神的苦痛を慰謝するのに足りないときは、別個に慰謝料請求をすることができます（最判昭和46年7月23日民集25巻5号805頁）。財産分与請求権と離婚慰謝料請求権が併存することができるとすると、財産分与を行ってもそれが慰謝料まで含むか否かが不透明という事態が生じ得ます。そこで、近時の裁判実務においては、当事者が財産分与のみを主張した場合、慰謝料を別途請求す

る趣旨か否かを釈明によって当事者に確認し、当事者が慰謝料を除く意向の場合や既に慰謝料を請求している場合を除き、財産分与と慰謝料的側面をともに審理しているとのことです（「財産分与と慰謝料請求」判タ1100号47頁）。

(4)　財産分与と詐害行為取消権

財産分与や慰謝料の給付につき、他方配偶者と合意し、これを弁済する行為が詐害行為取消権の対象となるかという点については、それが民法768条3項の規定の趣旨に反して不相当に過大であり、財産分与に仮託してされた財産処分であると認めるに足りるような特段の事情のない限り、詐害行為として、債権者による取消しの対象となり得ないとされています（最判昭和58年12月19日民集37巻10号1532頁）。

(5)　内縁の解消と財産分与

内縁とは、婚姻の届出がないため法律上の婚姻とはいえないものの、当事者間に社会通念上の婚姻意思があり、かつ事実上の夫婦共同生活がある関係をいいます。内縁の解消も、離婚と同じく第一に内縁夫婦の協議により合意が成立することで効力を生じますが、協議が調わないとき、又は協議をすることができないときは、家庭裁判所での調停によることになります（申立書例は、巻末資料4）。内縁にも、法律婚の効果のうち、夫婦共同生活から生じる法的効果は認められるべきですので、内縁関係を解消する際の財産分与も認められます。内縁の解消についての合意が成立したものの、財産分与についての協議が調わないとき、又は協議をすることができないときは、家庭裁判所での調停を申立てることになります（申立書例は、巻末資料5）。

また、内縁といえるか不明確な関係のパートナー間についても、関係の継続によって共同形成した財産の清算としての財産分与を認める傾向があります。

さらに、重婚的内縁の場合にも、①法律婚が事実上の離婚状態にあること、②内縁夫婦が共同生活の本拠を有して相当期間公然的な共同生活を継

続し、周囲からも容認されていることの 2 要件を重視し、財産分与の類推
適用が認められています。

　なお、内縁夫婦の一方の死亡により内縁関係が解消した場合に、法律上
の夫婦の離婚に伴う財産分与に関する民法768条の規定を類推適用するこ
とは、「準婚的法律関係の保護に適するものとしてその合理性を承認し得
るとしても、死亡による内縁解消のときに、相続の開始した遺産につき財
産分与の法理による遺産清算の道を開くことは、相続による財産承継の構
造の中に異質の契機を持ち込むもので、法の予定しないところである。ま
た、死亡した内縁配偶者の扶養義務が遺産の負担となってその相続人に承
継されると解する余地もない」として否定されています（最判平成12年 3
月10日民集54巻 3 号1040頁）。

7　慰謝料

(1)　意　義

　配偶者の有責行為によって離婚に至った場合、その配偶者に対して、精
神的苦痛について慰謝料の請求が認められます（最判昭和31年 2 月21日民
集10巻 2 号124頁）。離婚に伴う慰謝料には、①不貞行為、悪意の遺棄、暴
力行為、性交渉拒否、婚姻生活の維持への不協力等の有責行為等から生じ
る精神的苦痛の慰謝料（離婚原因に基づく慰謝料）と、②離婚そのもの
（配偶者の地位を失うこと）による精神的苦痛の慰謝料（離婚自体慰謝料）
があるとされますが、実務上はこれらを明確に区別しないことが多いです。

(2)　慰謝料の請求ができない場合

　慰謝料は、有責行為や損害が認められないと請求できないので、性格の
不一致や価値観の相違等が原因の離婚については双方に慰謝料を請求する
ことができません。また、夫婦双方の有責性が同等である場合、双方の慰
謝料請求が否定されることもあります。さらに、既に慰謝料の支払いがな
され、損害が補填されている場合は、既に婚姻関係の破綻による精神的苦
痛は慰謝されているとして、慰謝料請求が否定されることもあります。

(3) 慰謝料の額

　慰謝料の額は、①有責性が高い、②精神的苦痛や肉体的苦痛が激しい、③婚姻期間が長く、他方配偶者の年齢が高い、④未成年の子がいる、⑤有責配偶者に資力があり、社会的地位が高い、⑥他方配偶者の資力がない、⑦財産分与による経済的な充足がない等の要素が存在する程、増額される傾向にあります。

(4) **不貞行為の相手方に対する慰謝料請求**

　不貞行為の相手方は、婚姻共同生活の平和の維持という権利ないし法的保護に値する利益を侵害したとされ、不貞行為を行った配偶者とともに共同不法行為者として、他方配偶者に対して損害賠償責任を負うことになります（民法719条1項）。しかし、既に婚姻関係が破綻している場合、又は、不貞行為の相手方が、不貞行為を行った配偶者が独身であると過失なく信じていた場合、不貞行為の相手方は、他方配偶者に対して不法行為責任を負いません。

(5) **内縁の解消と慰謝料**

　正当な理由なく内縁関係を解消した配偶者は、他方配偶者に対して「婚姻予約の不履行」による債務不履行責任としての損害賠償義務を負うとされていました（大判大正4年1月26日民録21輯49頁）。その後、最判昭和33年4月11日民集12巻5号789号は、内縁の不当解消を「内縁配偶者の地位の侵害」による不法行為責任として構成することを認めました。現在、「婚姻予約の不履行」による慰謝料請求は、内縁とまでいえない継続的な性生活、短期間の同棲等の関係性が正当な理由なく解消される場面で用いられています。

　また、夫婦の貞操義務は、内縁関係にも準用されますので、内縁の配偶者が不貞行為をした場合、他方の内縁の配偶者は、不貞行為の相手方に対しても損害賠償請求することができます。

(6) **慰謝料の請求の仕方**

　離婚の伴う慰謝料は、夫婦の協議によって決定することができますし、

協議が調わないとき、又は協議をすることができないときは、離婚調停等の中で請求することができます。必ずしも離婚しなければ請求できないものではありませんので、不貞行為等を原因として、婚姻を継続したまま、不法行為に基づく損害賠償請求を行うこともできます。この場合は、離婚そのもの（配偶者の地位を失うこと）による精神的苦痛の慰謝料（離婚自体慰謝料）を請求することはできませんので、慰謝料の金額は、離婚する場合と比較して低い金額となります。

また、不貞行為の相手方に対する慰謝料請求については、不貞行為を行った配偶者と不貞行為の相手方は、他方配偶者に対して共同で損害賠償責任を負います。例えば、不貞行為について200万円の慰謝料が認められる場合、不貞行為を行った配偶者と不貞行為の相手方は各々200万円全額を支払う責任を負います。

(7)　**消滅時効**

離婚に伴う慰謝料請求権は、不法行為に基づく損害賠償請求権ですから、原則的に離婚した日から３年間請求権を行使しないと時効によって消滅します。

不倫慰謝料の場合、不貞行為の相手方に対する損害賠償請求権は、不貞行為の事実と相手方を知った日から３年間、又は、不貞行為があった日から20年間のいずれか早い時点が到来したときに時効によって消滅します（民法724条各号）。

8　親権・監護権

子が未成年の場合、婚姻中は父母が親権を共同行使しますが（民法818条３項本文）、父母が離婚することでその一方のみが親権者となります（民法819条１項、２項）。市区町村役場の戸籍係に離婚届を提出するときに、未成年の子がいるにもかかわらず、親権者の欄に記載がないと離婚届が受理されないことになっています（民法765条１項）。親権の内容は、子の財産管理権と身上監護権で、離婚後、通常は親権者と監護者（民法766条１項、２項）は同一人にな

ります。しかし、我が国の法制度においては、離婚後の親権者を父と定め、その子を母のもとで育てるというようなことも想定しており、親権者とは別に監護者を定めることが認められています。親権者とは別の親を監護者に定める場合は、親権者は子の財産管理権、監護者は子の身上監護権を各々行使することになります。このように親権者と監護者を分属させる場合、離婚後も父母としての関係性を維持しながら、相互に協力し合って子のために権利行使を行いますが、場合によっては、子の精神的負担を増大させてしまうこともあり得ますので、慎重に検討する必要があります。

　親権者・監護者の定め方は、まずは協議によりますが、協議が不成立のとき、又は協議をすることができないときは、家庭裁判所に調停を申立て、その手続の中で解決していくことになります。

　なお、家庭裁判所は、子の利益のために必要があると認めるときは、親権者・監護者を変更することができます（民法819条6項、766条2項）。

9　面会交流

　離婚により、親権者・監護者となれなかった親（以下、「非監護親」といいます。）が子と直接会ったり（面会）、手紙、電話やメール等で交流したりすること（交流）を面会交流といいます（民法766条1項2項）。

　面会交流は、子の健全な発達のためには、父母が離婚や別居しても、父母双方との交流を継続することが望ましいという概念のもとに運営される制度ですが、子が普段一緒に住んでいない非監護親と面会等することで、子が精神的に成長することもある反面、子が精神的に負担を受けてしまうこともあります。そのため、面会交流の実施にあたっては、子の福祉を第一に考えて、面会交流の可否、交流方法、回数・頻度、日時、場所等を定める必要があります。それらは、まずは父母の協議によりますが、協議が調わないとき、又は協議をすることができないときは、家庭裁判所に調停を申立て、その手続の中で解決していくことになります。

　非監護親からの「面会交流をさせないのなら養育費は支払わない。」という

主張や、監護親からの「養育費の支払いが無いから面会交流はさせない。」という主張がされることがあるようですが、養育費の支払いは親の扶助義務ですので、子の心身の状況に配慮して実施される面会交流とは直接的に関係しません。そのため、面会交流について、養育費の支払いを条件として認めることや、養育費の支払いについて、面会交流の実施を条件として認めることは許されません。

10　養育費

(1)　意　義

　　養育費とは、子を育てていくための養育に要する費用（子が社会人として成長・自立するまでに要するすべての費用）のことです。監護親が、非監護親に対して請求することができます。離婚しても親であることに変わりはないため、親権・監護権を有さない親も子を扶養する義務があります（民法877条1項）。また、子に対する扶養義務の順位について、親権・監護権を有する親とそれらを有さない親で差異はありません。

(2)　養育費の額

　　扶養の程度は、収入の多い方の親の生活水準の程度あるいは父母が離婚しなければ受けていたはずの程度となります。しかし、親には自己の生活を犠牲にしてまで子を扶養すべき義務はありません。

　　養育費については、まず父母の協議によりますが、協議が調わないとき、又は協議をすることができないときは、家庭裁判所に調停を申立て、その調停の中で決めていくことになります。養育費の金額は、夫婦の収入、子の人数・年齢等を総合的に考慮して決められますが、実務上は、養育費算定表（巻末資料6）を基準にして、養育費の月額を算出することが多いです。

(3)　養育費の支払いを受ける始期と終期

　　養育費は、原則的に、請求した時点以降から支払いを受けることができます。そのため、離婚時には、既に養育費についての合意がなされている

ことが望ましいです。養育費の支払いの終期は、「子が成人するまで」「子が大学を卒業するまで」等、当事者の事情に応じて決めることができます。

(4)　**養育費の支払先**

　　養育費は、監護親に支払うのが原則です。しかし、非監護親が、監護親に対する感情的なしこりや監護親の浪費癖への危惧により、学費等を学校や塾等に直接支払うことを希望することがありますが、そのような直接払いの取り決めについても当事者間で合意が成立していれば認められます。また、子の名義の預金口座への振込入金することについても同様に認められます。

(5)　**養育費の増減額**

　　一度定めた養育費の額も、事情の変更がある場合には、増減額することができます。増額の事情としては、非監護親の収入の増加、子に多額の治療費が必要になった場合等が該当します。一方、減額の事情としては、非監護親の扶養家族の増加・リストラ・破産・収入の減少、監護親が再婚し子が再婚相手の養子になった場合、監護親の収入が増加した場合等が該当します。

　　しかし、これらの事情が生じても、自動的に養育費が増減額されるわけではありません。まずは、当事者同士で協議することによりますが、協議が調わないとき、又は協議をすることができないときは、家庭裁判所に調停を申立てることになります。

(6)　**養育費の支払いがなされない場合の対応**

　　調停、審判、裁判上の和解や判決によって、養育費の支払いについて取り決めたものの、支払いがなされない場合は、家庭裁判所に履行勧告の申出（家事事件手続法289条1項7項、人事訴訟法38条）、履行命令の申立て（家事事件手続法290条1項3項、人事訴訟法39条）及び地方裁判所への強制執行の申立て等を行うことになります。

11　離婚時年金分割

(1)　意　義

　　離婚後の年金受給額に夫婦間で大きな格差が生じることを防止するため
に、厚生年金保険等の年金額算定の基礎となる標準報酬額・標準賞与額は
夫婦間の合意又は調停等の裁判手続で分割することができます。分割を受
けた配偶者は、分割後の標準報酬額・標準賞与額に基づいて自身の年金と
して受給することができます。なお、離婚時年金分割の効果は、厚生年金
の報酬比例部分に限られるので、国民年金は、この年金分割の対象とはな
りません。

(2)　離婚時年金分割の種類

ア　合意分割

　　合意分割は、平成19年 4 月 1 日以後に離婚等（離婚のほかに、婚姻の
取消し、事実上の婚姻関係の解消を含みます。）をし、以下の条件に該
当したときに、婚姻期間中の標準報酬月額・標準賞与額を当事者間で分
割することができる制度です。

　　①　婚姻期間中の厚生年金記録（標準報酬月額・標準賞与額）がある
　　　　こと

　　②　夫婦間の合意又は裁判手続により按分割合（分割対象となる婚姻
　　　　期間中における当事者双方の厚生年金記録（標準報酬月額・標準賞
　　　　与額）の合計額のうち、分割を受けることによって増額される側の、
　　　　分割後の持分割合で、上限は 2 分の 1 ）を定めること

　　③　請求期限（原則、離婚等をした日の翌日から起算して 2 年以内）
　　　　を経過していないこと

　　なお、平成19年 4 月 1 日以後に離婚等がなされていれば、同日以降の
婚姻期間だけでなく、婚姻期間全体が合意分割の対象となります。

イ　3 号分割

　　平成20年 5 月 1 日以後に離婚等をし、以下の条件に該当したときに、

国民年金の第3号被保険者であった方からの請求により、平成20年4月
1日以後の婚姻期間中の第3号被保険者期間における相手方の標準報酬
月額・標準賞与額を2分の1ずつ、当事者間で分割することができる制
度です。

① 婚姻期間中に平成20年4月1日以後の国民年金の第3号被保険者
期間中の厚生年金記録（標準報酬月額・標準賞与額）があること

② 請求期限（原則、離婚等をした日の翌日から起算して2年以内）
を経過していないこと

なお、3号分割は、合意分割と異なり、当事者間で按分割合の合意を
する必要はありません。

ウ　合意分割と3号分割が同時に行われる場合

合意分割の請求がなされたときに、婚姻期間中に3号分割の対象にな
る期間が含まれる場合は、合意分割と同時に3号分割の請求があったと
みなされます。

したがって、3号分割の対象となる期間は、3号分割による標準報酬
月額・標準賞与額の分割に加え、合意分割による標準報酬月額・標準賞
与額の分割も行われます。

(3)　**分割請求の方法**

離婚時年金分割は、按分割合についての協議が成立したとしても、原則、
離婚等をした日の翌日から起算して2年以内に、その制度を利用するため
に各年金制度の窓口（厚生年金は、年金事務所）にて、分割手続を行う必
要があります（分割請求書例は、巻末資料7）。

12　婚姻費用

(1)　**意　義**

婚姻費用とは、夫婦が、その資産、収入、社会的地位その他一切の事情
を考慮して、通常の社会生活を維持するために必要な生活費のことです。
具体的には、居住費、生活費、未成熟子の学費といったものが挙げられま

す。婚姻費用については、夫婦がその収入の大小に応じて、分担する義務を負っています。これを婚姻費用分担義務といいます。長期間別居状態にあり、既に婚姻関係が破綻しているような場合であっても、夫婦であることに変わりありませんので、婚姻費用分担義務を免れることはできません。そのため、妻に比べて収入の高い夫が、妻に対して生活費を払わないような場合は、妻は、夫に対して婚姻費用分担請求をすることができます。

⑵　**権利濫用として認められない場合**

　別居の原因（不貞行為、暴力等）が、婚姻費用を請求する側の配偶者にある場合は、権利の濫用として婚姻費用分担請求が認められないことがあります。

⑶　**婚姻費用の額**

　婚姻費用は、まずは夫婦間の協議によりますが、協議が調わないとき、又は協議をすることができないときは、家庭裁判所に調停を申立て、その調停の中で解決していくことになります（申立書例は、巻末資料8）。婚姻費用の金額は、夫婦の収入、子の人数・年齢等を総合的に考慮して決められますが、実務上は、婚姻費用算定表（巻末資料6）を基準にして、婚姻費用の月額を算出することが多いです。

⑷　**婚姻費用の支払いを受ける始期と終期**

　婚姻費用の分担を調停・審判により請求するときは、原則的に、請求したときから認められるので、過去にもらえるはずだった婚姻費用を後になってから請求するのは難しいことになります（夫婦間の協議によるときは、過去に遡って分担を協議することも可能です（最判昭和40年6月30日民集19巻4号1114頁参照））。そのため、別居後に配偶者が婚姻費用を支払わない場合は、早急に婚姻費用分担請求をする必要があります。なお、過去の婚姻費用を請求する場合は、一般的には、財産分与の話し合いの中でそれを加味していくことになります。

第3 離婚原因

1 意 義

　離婚において、最も多い原因は「性格の不一致」といわれています。そもそも、「性格が一致している夫婦」の方が稀なようにも思え、婚姻時から既に不一致である夫婦が大多数であることを踏まえると、この「性格の不一致」には「なんとなく離婚したい」や「とにかく夫婦でいたくない」というものも含まれていると思われます。協議離婚及び調停離婚においては、離婚についての当事者の合意さえあれば離婚原因は問われないため、この「性格の不一致」を離婚原因としても離婚は有効に成立します。

　しかし、調停が不成立に終わり、離婚訴訟を提起することになったときは、単なる「性格の不一致」では足らず、民法770条1項に規定される離婚原因がないと離婚の請求が認められません。

　離婚調停は、申立てると必ず離婚が成立する手続ではありません。調停の中で、当事者の合意ができない場合は、不成立に終わる可能性があります。そのため、民法770条1項の離婚原因があると認められない離婚については、調停が不成立に終わったとしても、離婚訴訟をすぐに提起することができないということを理解した上で申立てることになります。なお、「性格の不一致」等の民法770条1項の離婚原因があると認められない場合に、離婚調停が不成立に終わったときは、一般的には、相当期間の別居を継続する等といった民法770条1項5号の離婚原因を形成してから、再度離婚調停を申立てるか、離婚訴訟を提起することになります。

2 裁判離婚の要件

　民法770条1項は、離婚原因として、①配偶者の不貞行為（1号）、②配偶者による悪意の遺棄（2号）、③配偶者の3年以上の生死不明（3号）、④配偶者

の回復の見込みのない強度の精神病（4号）、⑤その他婚姻を継続し難い重大な事由（5号）の5つを規定します。また、同条2項は、①から④の原因に基づく離婚請求があった場合でも裁判所の裁量により棄却できると規定していますが、これは④の原因での裁判離婚の場合を除いてほとんど適用されていません。

(1)　配偶者の不貞行為（1号）

　　不貞行為とは、①「自由な意思に基づいて」、②「配偶者以外の」、③「異性と」、④「性交渉」を行うことをいいます。なお、配偶者が、他方配偶者の不貞行為を知った上で、それを許した場合、離婚原因としての不貞行為にあたらないとされています（宥恕）。

　　不貞行為は、離婚原因となるだけでなく、共同不法行為にもなります。不貞行為をした配偶者及び不貞行為の相手方は、他方配偶者に対して損害賠償義務（民法709条）を負います。この両者の負う損害賠償義務は、不真正連帯債務ですが、不貞行為をした配偶者について損害賠償義務を免除し、不貞行為の相手方にのみ損害賠償請求をすることもできます（最判平成6年11月24日判時1514号82頁）。

　　なお、既に婚姻関係が破綻している状態で、不貞行為があった場合、その不貞行為は離婚原因になりますが、不法行為は成立しないとされています（最判平成8年3月26日民集50巻4号993頁）。

ア　「自由な意思に基づいて」

　　不貞行為には、不貞行為の相手方との合意の有無は関係なく、強姦のように相手方の同意のない性交も含まれます（最判昭和48年11月15日民集27巻10号1323頁）。この場合、強姦を行った加害者である配偶者は、不貞行為を行ったことになりますが、配偶者が強姦の被害者となった場合は、加害者と自由な意思に基づいて性的関係をもったわけではないので、不貞行為をしたことにはなりません。

イ　「配偶者以外の」

　　離婚原因である不貞行為は、配偶者が、他方配偶者以外の異性と性的

関係をもつことが要件となります。

ウ　「異性と」

　　配偶者とその同性の者との性交渉については、民法770条1項1号の不貞行為に該当せず、民法770条1項5号の「その他婚姻を継続し難い重大な事由」に該当することになります（名古屋地判昭和47年2月29日判時670号77頁）。

エ　「性交渉」

　　判例・通説は、不貞行為の具体的な内容を性交渉に限定しています。しかし、当事者が性交渉をしたことを認めている場合や不貞行為の現場の写真等がある場合を除いて、性交渉があったことの証明は困難を伴うことが多いです。

　　配偶者にメールやSNSでのやり取り、ETCカードの明細、ドライブレコーダーの記録等を発見されたことにより、性交渉に至らない程度の異性との性的関係、密接な交際関係が判明し、それが離婚の原因となった場合、それは、民法770条1項1号ではなく、後述の民法770条1項5号の「その他婚姻を継続し難い重大な事由」に該当する可能性があります。

(2)　**配偶者による悪意の遺棄（2号）**

　　悪意の遺棄とは、正当な理由なく、夫婦の同居協力扶助義務（民法752条）、婚姻費用分担義務（民法760条）を履行しないことをいいます。例えば、夫が妻以外の女性と同居を開始し、妻子に生活費を送らないケースや妻が大病を患い、看護が必要であるにもかかわらず家を出て行き、生活費を全く送金してくれないというケースです。この「悪意の遺棄」が原因となる離婚の多くは、離婚調停とともに婚姻費用分担請求調停の利用も検討すべき事案となります。

　　なお、配偶者が、①仕事での単身赴任、②出産・育児・療養、③子どもの学校の都合等を理由に別居を続けているようなケースは、「悪意の遺棄」には該当しません。

　「悪意」とは、単に遺棄の事実や結果の発生を認識しているというよりも一段と強い意味をもち、社会的倫理的非難に値する要素を含むものであって、具体的に婚姻共同生活の継続を廃絶するという遺棄の結果たる害悪の発生を企図し、若しくはこれを認容する意思をいうとされています（新潟地判昭和36年4月24日下民集12巻4号857頁）。

　「遺棄」には、配偶者を置き去りにして家を出てしまう行為や追い出す行為だけでなく、配偶者が家を出なければならないように仕向けて自宅に戻ってくることを拒む行為も含まれます。

(3)　配偶者の3年以上の生死不明（3号）

　3年以上の生死不明とは、最後に生存を確認した時から生死不明で、生存の証明も死亡の証明もできない状態が、3年以上継続していることをいいます。

　配偶者が生死不明の場合に、婚姻を解消する方法としては、離婚の他に家庭裁判所に対して失踪宣告の申立てをする方法があります。配偶者の生死が、7年間以上明らかでない場合は、普通失踪宣告（民法30条1項）、配偶者が戦地や船舶の沈没等の死亡の原因となるべき危難に遭遇し、その危難が去ったときから1年以上明らかでない場合は、特別失踪宣告（民法30条2項）によって、その配偶者の死亡が擬制され（民法31条）、婚姻関係が解消されます（失踪宣告申立書例については、巻末資料9）。ただし、失踪宣告による場合は、遺された配偶者が再婚したものの、後日失踪者が生存していることが判明し、失踪宣告が取り消されることで、重婚の問題が発生し得るため注意を要します。

(4)　配偶者の回復の見込みのない強度の精神病（4号）

　強度の精神病とは、配偶者が、精神病（統合失調症、躁うつ病等）を患い、婚姻の本質といえる夫婦の精神的結合が失われ、夫婦の同居協力扶助義務を果たすことができない程の重症なものをいいます。アルコール依存症、認知症等の精神病以外の重大な疾病がある場合や、精神病が強度とはいえない場合であっても、それによって婚姻生活が破綻していると認めら

れる場合には、民法770条1項5号の「その他婚姻を継続し難い重大な事由」があるとして、離婚が認められる場合があります。

　また、強度の精神病を患った配偶者の、判断能力が低下しており、自己の離婚についてしっかり判断することができない場合は、他方配偶者等が家庭裁判所に後見等開始決定の申立てを行い（申立書例は、巻末資料10）、家庭裁判所が選任した成年後見人を被告として、離婚訴訟を提起することになります（人事訴訟法14条1項）。なお、既に他方配偶者が、精神病を患った配偶者の成年後見人となっている場合は、成年後見人たる配偶者は、成年後見監督人に対して、訴訟提起をすることになります（同法14条2項）。なお、成年後見監督人が存在しない場合は、離婚訴訟を提起する前提として、家庭裁判所に成年後見監督人の選任を申立てることになります（申立書例は、巻末資料11）。

(5)　その他婚姻を継続し難い重大な事由（5号）

　「その他婚姻を継続し難い重大な事由」について、判例は、「社会観点からみて配偶者に婚姻生活の継続を強いることがひどすぎるといわねばならないほど婚姻関係が破壊せられた場合」としています（最判昭和27年2月19日民集6巻2号110頁）。

　別居もそれが長期間に渡れば、婚姻関係が破綻状態にあると考えられます。ただ、別居状態であれば必ず破綻が認められるわけではなく、何年間別居すれば必ず破綻が認められるという明確な基準があるわけでもありません。一方、別居していなくても、夫婦双方の意思・感情、会話の有無、未成熟子の有無、子との関係、子の離婚についての意見、信頼関係の破綻の程度、訴訟態度等を総合的に判断して、破綻が認められることがあります。

　より具体的には、虐待、暴力、重大な侮辱、浪費癖、性暴力、犯罪行為、勤労意欲の欠如、怠惰な性格、親族との不和、性交不能、性交渉拒否、配偶者の同性愛、宗教活動、疾病、身体障害、民法770条1項4号に該当しない精神病の他、配偶者の性格の不一致でも、それによって婚姻が破綻し

たとみなされることで離婚原因に該当します。

3　離婚原因の相互の関係

　民法770条 1 号から 4 号の離婚原因と比べて、 5 号の「その他婚姻を継続し難い重大な事由」は抽象的な規定となっています。この 1 号から 4 号と 5 号の離婚原因をどのような関係として捉えるかについて、現在の通説は、 1 号から 4 号は、 5 号の例示に過ぎないとしています。

　すなわち、裁判離婚が認められるか否かは、当事者に責めがある事情の有無を問わず、客観的に婚姻関係が破綻していると評価できるか否かで判断されるということです。また、 1 号から 4 号の離婚原因は、 5 号の「婚姻を継続し難い重大な事由」の例示に過ぎず、それら個別の要件を形式的に満たしていても、 5 号の「婚姻を継続し難い」という程度まで至っていなければ離婚は認められないということになります。

4　有責配偶者からの離婚請求

　自ら婚姻を破綻させた有責配偶者からの離婚請求を認めるか否かについては、最判昭和62年 9 月 2 日民集41巻 6 号1423頁が示した次の 3 要件をはじめとする諸事情を総合的に判断することで決められています。

　①　夫婦の別居が両当事者の年齢・同居期間との対比において相当の長期間に及んでいること

　②　夫婦間に未成熟子が存在しないこと

　③　相手方配偶者が離婚により精神的・社会的・経済的に極めて苛酷な状態に置かれる等離婚請求を認容することが著しく社会正義に反するというような特段の事情が認められないこと

　実務上、①の要件の相当の長期間とは、10年程度の別居が大まかな目安とされています。しかし、この別居期間は、他の 2 要件も合わせて判断されるので、明確な基準というわけではありません。夫婦の年齢が若い場合や別居前の同居期間が長い場合には、比較的夫婦関係が修復されやすいと考えられるので、婚

姻関係の破綻に至るとされる別居期間はその分長く必要であると判断される傾向にあります。一方、夫婦の年齢が高い場合や別居前の同居期間が短い場合は、夫婦関係が修復されにくいと考えられるため、婚姻関係の破綻に至るとされる別居期間は短く判断される傾向にあります。有責性のない一般的な離婚請求の場合には、概ね3年から5年の別居期間を目安として婚姻関係の破綻が認められ、「その他婚姻を継続し難い重大な事由」に該当すると判断される傾向にあります。

　また、夫婦に未成熟子がいると、一律に有責配偶者からの離婚請求が認められないというわけではありません。他の2要件や諸事情を総合的に考慮し、信義則に反するといえない場合は離婚請求を認容することができます。

　なお、この有責配偶者の離婚請求の可否については、離婚訴訟について請求が認容されるか、棄却されるか、という議論ですので、離婚調停の申立ての可否には関係がありません。実務上、有責配偶者であっても、特に制限なく、離婚調停の申立てをすることができます。

第2章
合意書・各調停申立書・財産分与による不動産登記の実務

第1　合意書

1　離婚についての取り決め

　協議離婚は、夫婦が離婚することについて合意し、市区町村役場の戸籍係に離婚届（後記資料）を提出することで成立します。夫婦に未成年の子がいる場合、離婚届には、離婚後の夫婦のどちらが子の親権者となるかを記載する必要がありますが、付随事項のうち、離婚に関する親権以外の事項については取り決めなくても離婚自体は成立します。しかし、①離婚後に財産分与や慰謝料等を相手方に請求すると、「既に離婚の話は終わったから」と話し合いに応じてもらえないこと、②養育費を請求しても「どの子にいくら、いつまで養育費を支払わなければならないか」というところから話し合いを始めることになり、すぐに養育費の支払いを受けられないこと、③子と面会交流を行いたくても、何の取り決めもないので相手が拒否して子となかなか会わせてもらえないこと等が起こり、離婚したものの、それらの解決のために頻繁に相手方と協議の場を持たなければなりませんし、場合によっては、離婚後もそれらについての調停手続等を何年もかけて行うことにもなりかねません。そのため、付随事項の内容については、できるだけ離婚が成立する前に取り決めて合意書を作成しておくことが予防法務の観点から望ましいことだと思われます。

【資料　離婚届例】法務省ＨＰより

別紙3（1／2）

離 婚 届

令和 元 年 5 月 7 日 届出

東京都千代田区 長 殿

受理	令和　年　月　日		発送	令和　年　月　日
第	号			長 印
送付	令和　年　月　日			
第	号			

書類調査	戸籍記載	記載調査	調査票	附票	住民票	通知

		（よ み か た）	夫　みんじ　　　　たろう		妻　みんじ　　　　はなこ	
(1)	氏　　　名		氏 民事　名 太郎		氏 民事　名 花子	
	生 年 月 日		昭和 54 年 1 月 1 日		昭和 55 年 2 月 3 日	
	住　　　所 （住民登録をして いるところ）		東京都千代田区霞が関 一丁目1番1号		東京都杉並区高円寺北 一丁目1番1号	
			世帯主 の氏名　民事 太郎		世帯主 の氏名　民事 花子	
(2)	本　　　籍 （外国人のときは 国籍だけを書い てください）		東京都千代田区丸の内一丁目1		番地 番	
			筆頭者 の氏名　民事 太郎			
	父母及び養父母 の 氏 名 父母との続き柄		夫の父　民事 一郎 母　　　民事 一子	続き柄 長 男	妻の父　戸籍 太郎 母　　　戸籍 葉子	続き柄 長 女
	右記の養父母以外にも 養父母がいる場合には その他の欄に書いてください		養父 養母	続き柄 養 子	養父 養母	続き柄 養 女

(3)(4)	離 婚 の 種 別	☑協議離婚 □調停　　　年　月　日成立 □審判　　　年　月　日確定	□和解　　　　　年　月　日成立 □請求の認諾　　年　月　日認諾 □判決　　　　　年　月　日確定
	婚姻前の氏に	□夫　は　☑もとの戸籍にもどる ☑妻　　　□新しい戸籍をつくる	
	もどる者の本籍	東京都千代田区九段南一丁目1	番地 番 ー 筆頭者 の氏名　戸籍 太郎
(5)	未成年の子の 氏　　　名	夫が親権 を行う子	妻が親権 を行う子　民事 洋
(6)(7)	同 居 の 期 間	平成 19 年 1 月 から （同居を始めたとき）	平成 31 年 4 月 まで （別居したとき）
(8)	別居する前の 住　　　所	東京都千代田区霞が関一丁目1	番地 番 1 号
(9)	別居する前の 世帯のおもな 仕事と	□1.農業だけまたは農業とその他の仕事を持っている世帯 □2.自由業・商工業・サービス業等を個人で経営している世帯 ☑3.企業・個人商店等（官公庁は除く）の常用勤労者世帯で勤め先の従業者数が1人から99人まで 　　の世帯（日々または1年未満の契約の雇用者は5） □4.3にあてはまらない常用勤労者世帯及び会社団体の役員の世帯（日々または1年未満の契約の 　　雇用者は5） □5.1から4にあてはまらないその他の仕事をしている者のいる世帯 □6.仕事をしている者のいない世帯	
(10)	夫 妻 の 職 業	（国勢調査の年…　　年…の4月1日から翌年3月31日までに届出をするときだけ書いてください） 夫の職業	妻の職業
	その他		
	届 出 人 署 名 （※押印は任意）	夫　　民事 太郎　　　　印	妻　　民事 花子　　　　印
	事 件 簿 番 号		

別紙3（2／2）

記入の注意

鉛筆や消えやすいインキで書かないでください。

筆頭者の氏名欄には、戸籍のはじめに記載されている人の氏名を書いてください。

本籍地でない市区町村役場に提出するときは、2通または3通提出してください（市区町村役場が相当と認めたときは、1通で足りることもあります。）。また、そのさい戸籍謄本1通もあわせて提出してください。

そのほかにも必要なもの　調停離婚のとき→調停調書の謄本
　　　　　　　　　　　　審判離婚のとき→審判書の謄本と確定証明書
　　　　　　　　　　　　和解離婚のとき→和解調書の謄本
　　　　　　　　　　　　認諾離婚のとき→認諾調書の謄本
　　　　　　　　　　　　判決離婚のとき→判決書の謄本と確定証明書

証　人 （協議離婚のときだけ必要です）		
署　名 （※押印は任意）	甲山　健二　　㊞	乙川　竹子　　㊞
生年月日	昭和 25 年 6 月 17 日	昭和 23 年 8 月 30 日
住　所	東京都杉並区宮前 一丁目1番1号	東京都渋谷区宇田川町 一丁目1番1号
本　籍	東京都杉並区荻窪 一丁目1番地 番	東京都千代田区永田町 一丁目1番地 番

□には、あてはまるものに☑のようにしるしをつけてください。

今後も離婚の際に称していた氏を称する場合には、左の欄には何も記載しないでください（この場合にはこの離婚届と同時に別の届書を提出する必要があります。）。

同居を始めたときの年月は、結婚式をあげた年月または同居を始めた年月のうち早いほうを書いてください。

届け出られた事項は、人口動態調査（統計法に基づく基幹統計調査、厚生労働省所管）にも用いられます。

父母が離婚するときは、面会交流や養育費の分担など子の監護に必要な事項についても父母の協議で定めることとされています。この場合には、子の利益を最も優先して考えなければならないこととされています。

・未成年の子がいる場合は、次の□のあてはまるものにしるしをつけてください。

☑面会交流について取決めをしている。

□まだ決めていない。

面会交流：未成年の子と離れて暮らしている親が子と定期的、継続的に、会って話をしたり、一緒に遊んだり、電話や手紙などの方法で交流すること。

・経済的に自立していない子（未成年の子に限られません）がいる場合は、次の□のあてはまるものにしるしをつけてください。

☑養育費の分担について取決めをしている。

取決め方法：（☑公正証書　□それ以外）

□まだ決めていない。

養育費：経済的に自立していない子（例えば、アルバイト等による収入があっても該当する場合があります）の衣食住に必要な経費、教育費、医療費など。

このチェック欄についての法務省の解説動画

詳しくは、各市区町村の窓口において配布している「子どもの養育に関する合意書作成の手引きとQ&A」をご覧ください。面会交流や養育費のほか、財産分与、年金分割等、離婚をするときに考えておくべきことをまとめた情報を法務省ホームページ内にも掲載しています。

 Q 法務省　離婚

 法務省作成のパンフレット

日本司法支援センター（法テラス）では、面会交流の取決めや養育費の分担など離婚をめぐる問題について、相談窓口等の情報を無料で提供しています。無料法律相談や弁護士費用等の立替えをご利用いただける場合もありますので、お問い合わせください。

【法テラス・サポートダイヤル】0570-078374　【公式ホームページ】https://www.houterasu.or.jp

2　実務上の合意書の記載と各論点の考え方

　離婚に関する付随事項（親権・監護権、養育費、面会交流、財産分与、慰謝料、年金分割）についての基本的な合意書の記載は、次のとおりです。

【文例（離婚前）】

離婚給付等合意書

　夫A（以下、「甲」という。）と妻B（以下、「乙」という。）は、協議離婚（以下、「本件離婚」という。）することに合意し、その届出をするにあたって、本日、本件離婚に伴う給付等について次のとおり合意した。

（親権者及び監護者）

第1条　甲乙間の未成年の子・C（平成〇〇年〇月〇日生、以下、「丙」という。）及びD（令和〇年〇月〇日生、以下、「丁」という。）の親権者を乙と定め、乙において丙及び丁を監護養育する。

（養育費）

第2条　甲は、乙に対し、丙及び丁の養育費として、令和〇年〇月から丙及び丁がそれぞれ18歳に達した後の最初の3月まで（ただし、その時点で大学等に在学中、または進学をする予定の場合は、卒業する月まで）、各人について1か月金〇万円ずつを、毎月末日限り、乙の指定する金融機関の預金口座に振り込んで支払う。振込手数料は、甲の負担とする。

2　将来、物価の変動、甲又は乙の再婚、失職その他事情の変更があったときは、甲と乙は、丙及び丁の養育費の変更について、誠実に協議し、円満に解決するものとする。

（特別の出費）

第3条　丙及び丁につき、入学、進学、病気、怪我等により特別の出費を要するときは、甲と乙は、その都度、その出費額の分担額及び支払方法等を誠実に協議して定める。

（面会交流）

第4条　乙は甲に対し、丙及び丁との面会交流を認める。その面会の回数は1か月2回程度を基準とし、回数、日時、場所及び方法については、丙及び丁の情緒安定に留意し、丙及び丁の利益を最も優先して考慮しながら、甲及び乙が誠実に協議してこれを定める。

（慰謝料）

第5条　甲は乙に対し、本件離婚による慰謝料として、金○○万円の支払義務のあることを認め、これを令和○年○月○日限り、第2条第1項と同様の方法により支払う。振込手数料は、甲の負担とする。

（財産分与）

第6条　甲は乙に対し、本件離婚に伴う財産分与として、次の不動産の共有持分全部を譲渡することとし、同不動産について、上記財産分与を登記原因として、持分全部移転登記手続をする。登記手続費用は、乙の負担とする。

記

　（不動産の表示）

　　建　物

　　　　所　在　○○市○区○○町○番地

　　　　家屋番号　○番

　　　　種　類　居宅

　　　　構　造　木造瓦葺2階建

　　　　床面積　1階　○○．○○平方メートル

　　　　　　　　2階　○○．○○平方メートル

　　　　持分2分の1　甲

　　　　持分2分の1　乙

2　甲は乙に対し、本件離婚に伴う財産分与として、次の動産（以下、「本件動産」という。）を給付する。甲は乙に対し、本件動産を令和○年○月○日限り甲の住所において引き渡す。

　　⑴　電気冷蔵庫（製造会社、型式等）　　　１台

　　⑵　戸棚（材料、形等）　　　　　　　　　１台

　３　甲は乙に対し、本件離婚に伴う財産分与として、甲がA株式会社（以下、「戊」という。）を退職し、退職金が戊から支払われたときは、金○○万円を、支給を受けた日から20日以内に、第２条第１項と同様の方法により支払う。振込手数料は、甲の負担とする。

　４　甲は乙に対し、本件離婚に伴う財産分与として、金○○万円を令和○年○月○日限り第２条第１項と同様の方法により支払う。振込手数料は、甲の負担とする。

（通知義務）

第7条　甲が勤務先又は住所を変更したときは、甲は直ちに乙に通知する。乙が預金口座又は住所を変更したときは、乙は直ちに甲に通知する。

（年金の按分割合）

第8条　甲と乙との間の対象期間に係る被保険者期間の標準報酬の改定又は決定の請求についての厚生年金保険法78条の２の請求すべき按分割合を、0.5とする。

（誓約事項）

第9条　甲と乙は、次の行為をしないことを誓約した。

　　⑴　他方を訪れたり電話をかけること、その他何らかの関わりを持つこと（今後連絡の必要が生じたときは、○○（乙の父）を経由すること。）。

　　⑵　みだりに互いの関係等を口外したり、他方の名誉を害する行動をとること。

（清算条項）

第10条　甲及び乙は、本件離婚に関し、以上をもってすべて解決したことを確認し、今後、財産分与、慰謝料その他名目のいかんを問わず、互いに相手方に対し何らの財産上の請求をしない。また、甲と乙は、本合意書に定めるほか、何らの債権債務のないことを互いに確認した。

　本契約の成立を証するため本書2通を作成し、各自記名押印の上、各1通を保有する。

令和○年○月○日

（甲）住所：　　　　　　　　　　　（乙）住所：

　　　氏名　　　A　　　㊞　　　　　　氏名　　　B　　　㊞

本文例は、協議離婚に伴う付随事項についての基本的な内容の合意書です。

(1)　親権・監護権の定め方

　第1条において、親権者・監護者の取り決めをしています。夫婦間に未成年の子がいるときは、協議でその一方を親権者として定めて、離婚届にその旨を記載しなければなりません。そのため、親権者の指定条項を記載しています。子に対する監護・養育については、監護者を親権者とは別に定めない限り、親権の内容となりますので、当然のことではありますが、第2条の養育費の規定との関係で確認的に記載しています。

(2)　養育費の定め方

　第2条において、養育費の取り決めをしています。夫婦が協議離婚をするときは、子の監護親となった者は、非監護親に対して、子の監護に関する費用（養育費）を請求することができます（民法766条1項）。

ア　子が複数いるとき

　子が複数いるときには、各人ごとの養育費を定める必要があります。各人ごとに定めず、「子全員につき1か月○万円」と定めてしまうと、子の一人が成人したり、大学等を卒業したりして養育費の支払いを受けることがなくなった場合や子の一人が死亡した場合に、その後の養育費の支払額をいくらとするかを改めて協議する必要があるためです。

イ　養育費支払いの始期と終期

　　養育費の支払いについては、始期と終期を明確に取り決める必要があります。始期は、通常、合意が成立した月、又はその翌月と定めるのが一般的です。一方、終期は成年に達するまでとすることが多いですが、養育費が未成熟子の監護費用であることから、成人しても社会的・経済的に自立できていないことも想定され、専門学校、大学や大学院を卒業するときまでとすることもあります。

ウ　養育費の額

　　養育費の支払いは、相当長期間にわたることが多いので、支払う側に無理のない金額を定める必要があります。離婚の話し合いを早期に決着しようと、高額な養育費の取り決めをしてしまわないようにする必要があります。高額な養育費を取り決めている場合、当事者間の認識でその金額中に財産分与や慰謝料等の分も含めているということもありますが、養育費については、後述の事情変更の原則により、特段の事情が生じたときには減額請求することができてしまいます。それにより、当初意図した離婚に伴い相手方から支払いを受けられるはずの給付額が減少してしまいますので、合意書には支払いを受ける金額の名目を明確にして記載します。

　　なお、当事者間で、養育費の金額をいくらにすべきか基準がわからない場合は、前述の養育費算定表を基準に、まずは当事者の協議によって金額を定めることになります。

エ　養育費の支払方法

　　養育費は、定期金として支払うことも、離婚時等に一時金でまとめて支払うこともできます。

　　養育費は、日々生じるものですので、定期的に給付するものとし、その支払額については、当事者双方から増減請求が容易な状態にしておくことが望ましいとされています。一般的に、1か月ごとの養育費は当月支払いとすることが多いです。また、毎月同じ金額を支払う定めとすることが多いですが、賞与の時期に一定金額を加算して支払う旨の合意を

することもできます。

　一方、養育費の支払期間中の総額を一括、又は数回に分割して支払うことを合意することもできます。ただし、一括払いするとした金額が低い場合には、再度追加の養育費を請求される可能性があります（仮に、合意書中に「以後養育費についていかなる請求もしない。」と記載があっても、後述の事情変更が生じればその記載は意味を成しません。）し、未成熟子の死亡等の事情変更があった場合には、既に支払いを受けた養育費の総額が多すぎることになってしまい一度支払いを受けた養育費が減額され、返金をしなければならなくなるようなことも起こり得ます。また、養育費としてまとまった金額の支払いを受けた監護親が、その金額を浪費してしまい、追加の養育費を請求される可能性もあります。

オ　遅延損害金

　養育費が定期金の給付であることから、支払いが遅滞されたときの遅延損害金を定めることができます。しかし、養育費の支払いについての合意は、当事者間の信頼関係を基礎としているので、実務上、遅延損害金の定めはなされないことが多いです。

カ　事情の変更

　第2条第2項においては、養育費の支払いについて事情変更があった場合の協議の必要性を記載しています。養育費の支払いは、相当長期間になることが多いので、その期間中に、社会経済的要因としての経済事情の変動や父母の再婚、再婚に伴う未成熟子の養子縁組、父母の失職、収入の大幅な増減等、養育費の合意の基礎に大きな変動を生じることも想定されます。そのような要因が生じたときには、養育費の増減や、場合によっては、養育費の支払いをしないことが認められます。

キ　養育費不請求の合意

　父母の間で、養育費を請求しないという合意がされることがあります。しかし、この合意の効力は、未成熟子には及びませんので、そのような誤解を招く条項の記載をするべきではありません。

⑶ **特別の出費の定め方**

第３条において、特別の出費の取り決めをしています。合意書の作成時には未確定であったり、想定できなかったりする出費については、監護親と非監護親で、その都度、出費額の分担額及び支払方法等を誠実に協議して定めることを確認的に記載しています。

⑷ **面会交流の定め方**

第４条において、面会交流の取り決めをしています。面会交流の内容は、子の福祉に適合するかという観点から、監護親の監護養育の内容と調和する方法及び形式において定められることになります。面会交流の定めは、多くの場合、できるだけ包括的一般的なものが望ましいとされています。詳細な内容を定めた場合、面会交流が硬直化してしまうためです。

⑸ **慰謝料の定め方**

第５条において、慰謝料の取り決めをしています。本文例は、慰謝料と財産分与を別項目に分離して記載していますが、財産分与は前述のとおり慰謝料的性質を有するため、財産分与の定めの中で慰謝料を含めて取り決めることもできます。なお、慰謝料や財産分与の代わりに「解決金」という名目が使用されることもあります。

ア **慰謝料の分割払い**

慰謝料を一括ではなく、分割で支払いを受ける場合には、期限の利益喪失条項及び遅延損害金の定めを記載することが望ましいです。

【期限の利益喪失条項及び遅延損害金の定めの例】

（慰謝料）

第５条 甲は乙に対し、本件離婚による慰謝料として、金○○万円の支払義務のあることを認め、これを次のとおり分割して毎月末日限り、第２条第１項と同様の方法により支払う。振込手数料は、甲の負担とする。

⑴ 令和○年○月から令和○年○月まで、毎月金○万円ずつ

⑵ 令和○年○月末日限り、金○万円

2　甲において前項の分割金の支払いを怠り、その額が2回分に達したときは直ちに期限の利益を失い、甲は乙に対し、前項承認額とそのときにおける残額及びこれに対する期限の利益を喪失した日の翌日から支払い済みまで年○パーセントの割合による遅延損害金を支払う。

イ　不貞行為の相手方も含めた定め方

不貞行為の相手方と不貞行為をした配偶者は、共同不法行為者の関係にあるので、他の配偶者に対して不真正連帯債務を負うことになります。この場合の文例は次のとおりです。

【文例】

（慰謝料）
第5条　甲及びC（以下、「丙」という。）は、連帯して乙に対し、慰謝料として、金○○万円の支払義務のあることを認め、これを令和○年○月○日限り、乙の指定する金融機関の預金口座に振り込んで支払う。振込手数料は、甲及び丙の負担とする。

(6)　財産分与の定め方

第6条において、財産分与の取り決めをしています。前述のとおり、財産分与には、清算的財産分与、扶養的財産分与及び慰謝料的財産分与の3つの性質があります。慰謝料的な性質を有しますので、財産分与の中で慰謝料を含めて取り決めることもできます。

財産分与の対象は、前述のとおり、夫婦の共有財産（現預貯金、動産、不動産、有価証券、退職金等）であり、種類は限定されていません。

ア　退職金について

退職金については、給与の後払いの性質がありますので、一般的には、将来受給する見込みの退職金のうち婚姻期間に対応する金額を計算し、それに2分の1等の清算割合を乗じて算出した額又は割合をその支給を

条件として将来支払うという取り決めがなされることが多いようです。

イ　住宅ローン付不動産

　　婚姻後に夫が住宅ローンを組んで取得した夫名義の不動産を、離婚による財産分与として妻に譲渡したいというケースは多いです。しかし、離婚したからといって金融機関は、夫で組んだ住宅ローンの債務者を不動産を取得する妻に変更することには消極的です。また、住宅ローンの返済中に不動産の登記名義を売買、贈与、財産分与等で妻に移転すると、それを期限の利益喪失事由として、残債額を一括返済するよう求めてくる場合があります。妻に安定した収入があり、住宅ローンを借り換えることができれば、離婚の際に、妻が借り入れた住宅ローンで、夫の住宅ローンを完済し、財産分与又は売買による所有権移転登記によって夫から妻に登記名義を移転することで、妻名義の不動産について、妻が住宅ローンを負担しているという実質的にも形式的にも整合性のとれた状態にすることができます。しかし、現実には、そのような対応ができることは少なく、多くは、夫が組んだ住宅ローンを、債務者を夫としたままどのように返済を継続していくか、不動産の名義をどのタイミングで妻に移転させるか、という点につき、事案ごとに個別に検討していくことになります。

　　まず、ローンの支払いについては、次のように取り決める方法があります。

　①　夫は妻に対し、夫が金融機関に対して負担する住宅ローン債務を約定どおり責任をもって支払い、妻に責任を負わせないとし、夫の不払いにより妻が弁済をしなければならなくなったときのために、妻の事前と事後の求償権について取り決める方法

　②　妻は、夫が金融機関に対して負う債務をその弁済期限に夫に代わって支払うこととし、夫は妻に対してその弁済資金を弁済期限に合わせて支払うことを取り決める方法

【①の文例】

（求償権）

第〇条 甲は第6条第1項記載の不動産の購入資金として金〇〇〇〇万円を〇〇銀行から後記債務の表示欄記載の約定で借り受け、上記不動産について上記債務を被担保債務とする抵当権を設定したところ、現在その残債務が金〇〇〇万円（令和〇年〇月〇日以降に弁済期が到来する分）あり、本件不動産が乙の居住用であるので、万一甲の支払いが滞ったときには、乙が代わって支払わざるを得なくなる。そこで、乙が上記債務を代わって支払う場合の事前及び事後の求償権について、令和〇年〇月〇日、甲乙間において次条以下のとおりの契約をする。

（事前求償）

第〇条 乙は、〇〇銀行に対する甲の債務が弁済期にあるとき及び次条各号の一つに該当し、期限の利益を失い残存債務の全部を弁済すべきときは、上記甲の債務に相当する金額（元金並びにこれに対する利息及び遅延損害金）につき、直ちに甲に対し事前の求償権を行使することができ、甲は直ちに乙に対し上記求償金額を支払う。ただし、甲が既に上記債務の一部を〇〇銀行に弁済しているときは、その弁済額を求償金額から控除するものとする。

（事後求償）

第〇条 甲が次の各号の一つに該当するときは、期限の利益を失うものとし、乙は、債務の全部又は一部を甲に代わって弁済し、直ちに甲に対し事後の求償権の行使をすることができ、この場合甲は乙に対し、直ちに求償金額を支払う。

(1) 〇〇銀行に対する分割債務の履行を怠り、その遅滞額が2回分に達したとき

(2) 支払いを停止し、第三者から差押え、仮差押え、又は銀行取引の停止処分を受けたとき

(3)　他の債務について競売、破産又は民事再生手続開始の申立てがあったとき

(4)　国税滞納処分又はその例による差押えを受けたとき

【②の文例】

（住宅ローン債務の弁済）

第〇条　第6条第1項記載の不動産取得の際、甲が〇〇銀行から借り受けた別紙目録記載の借受金（〇〇信用保証株式会社の保証付）の令和〇年〇月〇日時点における残債務については、その履行方法として、乙が甲に代わって〇〇銀行に支払うものとする。

2　甲は乙に対し、前項の債務の弁済資金として、令和〇年〇月から令和〇〇年〇月まで毎月〇日限り、別紙目録添付の弁済一覧表の弁済額欄記載の金員を、乙の指定する金融機関の預金口座に振り込んで支払う。振込手数料は、甲の負担とする。

次に不動産の登記名義の移転については、住宅ローンの残債額がある状態で、財産分与の所有権移転登記を申請し、登記名義を夫から妻に移転すると、期限の利益を喪失してしまうおそれがあります。そこで、住宅ローンの返済期間中は、妻にその不動産に居住し得る使用貸借権を与え、住宅ローンが完済されたことを条件に、財産分与として夫から妻に所有権が移転するという取り決めの仕方も選択肢の一つといえます。

【文例】

（財産分与）

第6条　甲は乙に対し、本件離婚に伴う財産分与として、次の不動産（以下、「本件不動産」という。）の所有権を給付することとし、本件不動産について、上記財産分与を登記原因とする所有権移転登記手続をする義務のあることを認める。

記

（不動産の表示）

建　　物

所　在　　○○市○区○○町○番地

家屋番号　　○番

種　　類　居宅

構　　造　木造瓦葺2階建

床面積　　1階　　○○．○○平方メートル

　　　　　2階　　○○．○○平方メートル

2　甲は、次条の借入債務が完済されたときに、本件不動産について、上記財産分与を原因とする所有権移転登記手続をする。ただし、登記手続に要する費用は、乙の負担とする。

3　甲は、前項の登記が完了するまでの間は、乙が本件不動産を使用収益することを認める。

4　本件不動産に課せられる固定資産税等の公租公課及び本件不動産の管理、補修に要する費用は、乙の負担とすることを認める。

(7)　通知義務の定め方

　　第7条において、通知義務の取り決めをしています。養育費等の支払いの確保や面会交流の円滑な実施のためには、乙が甲の住所や勤務先の情報を知っておく必要がありますし、甲も養育費等の支払先となる乙の預金口座の情報や住所を知っておく必要があります。

(8)　年金の按分割合の定め方

　　第8条において、年金の按分割合の取り決めをしています。

　　前述のとおり、離婚時年金分割には、合意分割と3号分割の2種類があります。このうち3号分割については、按分割合を協議等で定める必要はありませんので、合意書において記載する必要はありません。そのため、合意書において按分割合の取り決めをするのは、合意分割の場合のみとい

うことになります。

⑼　**誓約事項の定め方**

　　第9条において、誓約事項の取り決めをしています。法律的に強制執行等をすることはできなくても、離婚の合意に合わせて取り決めておきたい事項があれば本文例のように合意書の中で記載します。

⑽　**清算条項の定め方**

　　第10条において、清算条項の取り決めをしています。清算条項とは、後日の紛争の再発を防止するために、本合意書に記載した権利関係の他には、何らの債権債務がない旨を当事者が確認する条項です。なお、この清算条項があっても、養育費や婚姻費用については、事情変更が生じることで増減額の請求をすることができます。また、公法上の請求権である離婚時の年金分割請求権については清算条項の効力は及びません。

3　離婚後の合意書

　離婚給付等に関する合意書は、離婚後にも作成することができます。その際は、次のような内容となります。

【文例】

離婚給付等合意書

　Ａ（以下、「甲」という。）とＢ（以下、「乙」という。）は、令和○年○月○日に協議離婚（以下、「本件離婚」という。）をし、本日、本件離婚に伴う給付等について次のとおり合意した。

（親権者及び監護者）

第1条　甲及び乙は、甲乙間の未成年の子・Ｃ（平成○○年○月○日生、以下、「丙」という。）及びＤ（令和○年○月○日生、以下、「丁」という。）の親権者及び監護者を乙と定めた。

2　乙は、丙及び丁を引き取り、監護養育しており、今後も監護養育する。

（以下、前掲合意書と同内容につき省略）

4　婚姻費用分担についての合意書

　婚姻費用とは、生活費、医療費、未成熟子の教育費等、夫婦と未成熟子によって構成される家族が共同生活を営むために必要な一切の費用です。前述のとおり、夫婦は婚姻費用分担義務を負っていて、別居しても原則的にその義務を免れることはできません。調停や審判によるときは、過去に遡って婚姻費用の分担の合意をすることができませんが、夫婦間の協議によるときは、過去に遡って合意をすることもできます。

　請求する婚姻費用の分担額は、まず夫婦の協議により、協議が調わないとき、又は協議をすることができないときは、家庭裁判所に調停を申立て、その調停の中で決めていくことになります。実務上は、婚姻費用算定表（巻末資料6）を基準にして、婚姻費用の月額を算出することが多いです。

【文例】

婚姻費用分担に関する合意書

　A（以下、「甲」という。）とB（以下、「乙」という。）は、当分の間別居することとし、別居後の令和○年○月○日、両者間の未成年の長男C（以下、「丙」という。）を乙において監護養育すること及び別居に伴う婚姻費用の分担等について次のとおり合意した。

（婚姻費用の分担）

第1条　甲は乙に対し、婚姻費用の分担（乙及び丙の生活費）として、令和○年○月から甲と乙の別居解消又は婚姻解消の日まで、1か月金○○万円を毎月末日限り乙の指定する金融機関の預金口座に振り込んで支払う。振込手数料は甲の負担とする。

> **（特別の出費）**
> 第2条　甲は、乙若しくは丙の病気又は丙の入学、進学等により乙が特別
> 　の出費を要したときは、乙の申出により、別途その支払いについて乙と
> 　協議するものとする。
> **（面会交流）**
> 第3条　乙は、甲が丙と面会交流することを認める。その具体的日時、場
> 　所、方法等は、子の利益を最も優先して考慮し、当事者間で協議して定
> 　める。
>
> （以下、省略。）

5　公正証書による合意書の作成

　公正証書は、公証人が証書として作成したものをいい、証書の内容を公証人が証明していますので高い証拠力を有します。離婚及びその付随事項の取り決めを、公正証書によって作成することも有効です。公正証書には、後記資料1の第12条のように、相手方が約束どおり離婚に伴う金銭の支払いを履行しない場合は、直ちに強制執行に服するという執行認諾条項を記載することができます。それにより、債務者である相手方が養育費や慰謝料の支払い等を合意内容のとおり履行しない場合は、裁判所の判決等を経ることなく、直ちに強制執行することができます。

　なお、公正証書は、原則的に公証役場において、両当事者の立会いのもと作成されます。離婚給付等合意書を公正証書で作成する場合は、原則的に離婚の当事者双方の立会いが必要となります。しかし、当事者の仲が険悪で、顔を合わせたくないという場合等、作成日当日に公証役場に出向くことができない事由がある場合は、代理人を指定して、その者に代わりに公正証書に署名・捺印をすることを委任することができます（遺言や任意後見契約は代理人による署名・捺印が認められていません。）。

【資料1　離婚前の離婚給付等合意公正証書例】

離婚給付等合意公正証書

　本公証人は、令和○年○月○日、当事者の嘱託により以下の法律行為に関する陳述の趣旨を録取し、この証書を作成する。

（離婚の合意）

第1条　夫A（以下、「甲」という。）と妻B（以下、「乙」という。）とは、協議離婚（以下、「本件離婚」という。）することに合意し、その届出をするにあたって、本日、本件離婚に伴う給付等について次条以下のとおり契約を締結した。

（親権者及び監護者）

第2条　甲乙間の未成年の子・C（平成○○年○月○日生、以下、「丙」という。）及びD（令和○年○月○日生、以下、「丁」という。）の親権者を乙と定め、乙において丙及び丁を監護養育する。

（養育費）

第3条　甲は、乙に対し、丙及び丁の養育費として、令和○年○月から丙及び丁がそれぞれ18歳に達した後の最初の3月まで（ただし、その時点で大学等に在学中、または進学をする予定の場合は、卒業する月まで）、各人について1か月金○万円ずつを、毎月末日限り、乙の指定する金融機関の預金口座に振り込んで支払う。振込手数料は、甲の負担とする。

　2　将来、物価の変動、甲又は乙の再婚、失職その他事情の変更があったときは、甲と乙は、丙及び丁の養育費の変更について、誠実に協議し、円満に解決するものとする。

（特別の出費）

第4条　丙及び丁につき、入学、進学、病気、怪我等により特別の出費を要するときは、甲と乙は、その都度、その出費額の分担額及び支払方法等を誠実に協議して定める。

（面会交流）

第5条　乙は甲に対し、丙及び丁との面会交流を認める。その面会の回数は1か月2回程度を基準とし、回数、日時、場所及び方法については、丙及び丁の情緒安定に留意し、丙及び丁の利益を最も優先して考慮しながら、甲及び乙が誠実に協議してこれを定める。

（慰謝料）

第6条　甲は乙に対し、本件離婚による慰謝料として、金○○万円の支払義務のあることを認め、これを令和○年○月○日限り、第3条第1項と同様の方法により支払う。振込手数料は、甲の負担とする。

（財産分与）

第7条　甲は乙に対し、本件離婚に伴う財産分与として、金○○万円を令和○年○月○日限り、第3条第1項と同様の方法により支払う。振込手数料は、甲の負担とする。

（通知義務）

第8条　甲が勤務先又は住所を変更したときは、甲は直ちに乙に通知する。乙が預金口座又は住所を変更したときは、乙は直ちに甲に通知する。

（年金の按分割合）

第9条　甲と乙との間の対象期間に係る被保険者期間の標準報酬の改定又は決定の請求についての厚生年金保険法78条の2の請求すべき按分割合を、0.5とする。

（清算条項）

第10条　甲及び乙は、本件離婚に関し、以上をもってすべて解決したことを確認し、今後、財産分与、慰謝料その他名目のいかんを問わず、互いに相手方に対し何らの財産上の請求をしない。また、甲と乙は、本公正証書に定めるほか、何らの債権債務のないことを互いに確認した。

（公正証書作成費用）

第11条　本公正証書作成費用は、甲の負担とする。

（強制執行認諾）

第12条　甲は、本契約に定める金銭債務を履行しないときは、直ちに強制
　　執行に服する旨を述べた。

本　旨　外　要　件

住　　所

職　　業

（甲）　　　　　　　　A　　（平成○○年○月○日生）

　上記者は、本公証人その氏名を知らずかつ面識がないので、印鑑登録証
明書を提出させて、その人違いでないことを証明させた。

住　　所

職　　業

（乙）　　　　　　　　B　　（平成○○年○月○日生）

住　　所

職　　業　　　司法書士

（乙）代理人　　　　C　　（平成○○年○月○日生）

　上記代理人は、本公証人氏名を知り面識がある。

　上記代理人の提出した委任状は、認証がないから、印鑑登録証明書を提
出させて、その真正なことを証明させた。

【資料2　離婚後の離婚給付等合意公正証書例】

離婚給付等合意公正証書

　本公証人は、令和○年○月○日、当事者の嘱託により以下の法律行為に
関する陳述の趣旨を録取し、この証書を作成する。

（離婚の事実）

第1条　A（以下、「甲」という。）とB（以下、「乙」という。）は、令和
　　○年○月○日に協議離婚（以下、「本件離婚」という。）した。

（親権者及び監護者）

第2条　本件離婚届出時に、甲乙間の未成年の子・C（平成○○年○月○

日生、以下、「丙」という。）及びD（令和〇年〇月〇日生、以下、「丁」
という。）の親権者及び監護者を乙と定めた。

2　乙は、丙及び丁を引き取り、監護養育しており、今後も監護養育する。

（以下、前掲資料１と同じにつき省略。）

第2　離婚調停

1　意　義

　親権・監護権、養育費、面会交流、財産分与、慰謝料、離婚時年金分割等、
離婚に伴い清算しなければならない事項は多岐にわたります。そのすべてを夫
婦で円満に協議することができれば良いのですが、各事項の法的な仕組みをし
っかりと理解して内容を定めることは難しく、また、夫婦間の感情のもつれ等
によって、うまく話し合いが進まないこともあります。そのような場合は、家
庭裁判所に離婚調停の申立てをし、その調停の中で離婚や付随事項について協
議することになります。

2　婚姻費用分担請求との関係

　前述のとおり、離婚に先行して別居が開始している場合等、夫婦の一方から
他方に対して婚姻費用分担請求がされることがあります。婚姻費用分担請求は、
離婚調停の申立ての前でも後でもなし得るので、婚姻費用分担請求調停の申立
ても、離婚調停とは別に行うことになります。そのため、離婚調停の進行度に
関わらず、婚姻費用分担請求調停が不成立の場合は、審判に移行します。

3　調停前置主義

　人事に関する訴訟事件その他家庭に関する事件について、訴えを提起しよう

とする者は、まず、家庭裁判所に調停の申立てをしなければなりません（家事事件手続法257条1項）。これを調停前置主義といいます。

　つまり、人事訴訟法2条に定める離婚訴訟を提起しようとするときは、まず、家庭裁判所に離婚調停の申立てをしなければなりません。離婚調停の申立てをすることなく、離婚訴訟を提起した場合には、裁判所は、職権で事件を離婚調停に付さなければなりません（家事事件手続法257条2項本文）。ただし、相手方が所在不明で出頭が期待できない場合、相手方配偶者の生死が3年以上不明な場合や相手方配偶者に成年後見人が選任されている場合等、裁判所が事件を調停に付することが相当でないと認めるときは、離婚調停の申立てをせずに離婚訴訟を提起することができます（家事事件手続法257条2項但書）。

4　管　轄

　離婚調停等家事調停は、相手方の住所地を管轄する家庭裁判所又は当事者が合意で定める家庭裁判所の管轄に属します（家事事件手続法245条1項）。管轄のない家庭裁判所に申立てがなされた場合は、原則として、その家庭裁判所は、事件を管轄のある家庭裁判所に移送することになります（家事事件手続法9条1項）。なお、家庭裁判所は、本来の管轄がない場合でも、当事者の意見その他諸事情を考慮して特に必要があると認めるときは、自庁処理することができます。

5　申立手数料

　家事調停の申立手数料は、一事件につき、1,200円と決まっています（民事訴訟費用等に関する法律3条1項別表第1の15項の2）。実務上は、この金額分の収入印紙を申立書に貼付することによって、手数料を納めることになります。なお、親権者の指定・変更を求める調停、子の監護者の指定・変更を求める調停、養育費の請求・増減額調停、子の引渡しを求める調停等は、子一人について一事件となりますので、子一人について1,200円の手数料が必要になります。

　また、申立手数料とは別に家庭裁判所の定める予納郵券も必要となります。

6　離婚調停の申立ての必要書類

(1)　離婚調停を申立てる場合の必要書類

　　離婚調停を申立てるときに必要となる書類は、①調停申立書（後記資料1）及びその写し（家庭裁判所用と相手方用の計2部）、②事情説明書（後記資料2）、③子についての事情説明書（後記資料3）、④進行に関する照会回答書（申立人用）（後記資料4）、⑤連絡先等の届出書（後記資料5）、⑥非開示の希望に関する申出書（後記資料6）、⑦夫婦の戸籍謄本（全部事項証明）、⑧年金分割のための情報通知（離婚時年金分割の按分割合（分割割合）に関する調停を求める場合にのみ必要）等となります。

　　なお、⑥の申出書は、申立人が相手方や利害関係人に住所や勤務先を知られたくない場合に使用します（申立書の写しは、相手方に送付され（家事事件手続法256条1項）、当事者や利害関係人は家庭裁判所の許可を得て申立書を含めた家事調停事件の記録を閲覧・謄写できるため（同法254条1項）、⑥の申出書を使用しないと、相手方や利害関係人にそれらの情報が知られてしまいます。）。ただし、必ずしも非開示の希望が通るわけではありませんので注意が必要です。

(2)　不貞行為の相手方に対する慰謝料請求調停と併せて申立てる場合

　　配偶者の不貞行為が離婚原因である離婚調停を申立てるときに、不貞行為の相手方に対する慰謝料請求調停も申立て、両事件を併合して調停を進行したいという場合は、上記(1)の①から⑧に加えて、慰謝料請求調停（一般調停）申立書（後記資料7）及びその写し（家庭裁判所用と相手方用の計2部）等も家庭裁判所に提出することになります。

(3)　離婚調停の相手方に対する離縁調停と併せて申立てる場合

　　夫と再婚し、自身の子を夫の養子とした状態で、離婚調停と離縁調停を同時に申立てる場合は、上記(1)の①から⑧に加えて、離縁調停申立書（後記資料8）及びその写し（家庭裁判所用と相手方用の計2部）等も家庭裁

判所に提出することになります。

⑷　電話会議システムを利用する場合

　　離婚調停は、相手方の住所地を管轄する家庭裁判所又は当事者の合意で定める家庭裁判所に対して、申立てることになります。しかし、当事者の管轄家庭裁判所に対する合意が定まらず、相手方の住所地を管轄する家庭裁判所が、申立人の住所地から遠方で、期日に出頭するのに多くの移動時間や旅費交通費を要する場合は、最寄りの家庭裁判所から電話会議システムを利用することによって、調停に参加することができます。調停を申立てるときに、電話会議システムによる進行を希望する場合は、その旨の上申書を申立書等と併せて提出します（後記資料9）。

⑸　相手方が現住所地と異なる場所に居住している場合

　　相手方が現住所地と異なる場所に居住している場合、当事者による管轄の合意がなければ、その住所地を管轄する家庭裁判所に調停を申立てることになります。しかし、相手方が、実際には異なる住所地（居所）で生活をしている場合で、その居所を管轄する家庭裁判所に調停が係属した方が申立人にとって都合の良いこともあります。その際は、自庁処理の上申書を申立書等と併せて提出します（後記資料10）。

【資料1　調停申立書例】東京家庭裁判所HPより

受付印		夫婦関係等調整調停申立書　事件名（　　離婚　　）
		（この欄に申立て1件あたり収入印紙1，200円分を貼ってください。）

		印 紙
収 入 印 紙　　　　　円		
予納郵便切手　　　　　円		（貼った印紙に押印しないでください。）

東　京　家庭裁判所 　　　　　　　　　　御 中 令和 ○ 年 ○ 月 ○ 日	申　立　人 （又は法定代理人など） の 記 名 押 印	甲　野　花　子　㊞

添付書類	（審理のために必要な場合は，追加書類の提出をお願いすることがあります。） ☑ 戸籍謄本（全部事項証明書）（内縁関係に関する申立ての場合は不要） ☑ （年金分割の申立てが含まれている場合）年金分割のための情報通知書 □	準 ☐ 口 頭

	本　籍 （国　籍）	（内縁関係に関する申立ての場合は，記入する必要はありません。） ○○ 都道 　　府県 ○○ 市 ○○ 町 ○ 番地	
申 立 人	住　所	〒 ○○○ － ○○○○ 東京都 ○○ 区 ××× ○丁目○番○号 ハイツ○○　　○○○ 号 （　○○○ 方）	
	フリガナ 氏　名	コ ウ ノ　ハ ナ コ 甲 野 花 子	昭和 平成 ○ 年 ○ 月 ○ 日生 （　　　　○○　　　歳）
相 手 方	本　籍 （国　籍）	（内縁関係に関する申立ての場合は，記入する必要はありません。） ○○ 都道 　　府県 ○○ 市 ○○ 町 ○ 番地	
	住　所	〒 ○○○ － ○○○○ 東京都 ○○ 区 ××× ○丁目○番○号　○○アパート ○○ 号 （　　　　方）	
	フリガナ 氏　名	コ ウ ノ　タ ロ ウ 甲 野 太 郎	昭和 平成 ○ 年 ○ 月 ○ 日生 （　　　　○○　　　歳）
対 象 と な る 子	住　所	☑ 申立人と同居　／　□ 相手方と同居 □ その他（　　　　　　　　　　　　　　　）	平成 令和 ○ 年 ○ 月 ○ 日生
	フリガナ 氏　名	コ ウ ノ　イ チ ロ ウ 甲 野 一 郎	（　　○　　歳）
	住　所	☑ 申立人と同居　／　□ 相手方と同居 □ その他（　　　　　　　　　　　　　　　）	平成 令和 ○ 年 ○ 月 ○ 日生
	フリガナ 氏　名	コ ウ ノ　ジ ロ ウ 甲 野 次 郎	（　　○　　歳）
	住　所	□ 申立人と同居　／　□ 相手方と同居 □ その他（　　　　　　　　　　　　　　　）	平成 令和 　年　　月　　日生
	フリガナ 氏　名		（　　　　歳）

（注）太枠の中だけ記入してください。対象となる子は，付随申立ての(1)，(2)又は(3)を選択したときのみ記入してください。□の部分は，該当するものにチェックしてください。

夫婦(1/2)

※　申立ての趣旨は、当てはまる番号（1又は2、付随申立てについては(1)～(7)）を〇で囲んでください。
　　□の部分は、該当するものにチェックしてください。
☆　付随申立て(6)を選択したときは、年金分割のための情報通知書の写しをとり、別紙として添付してください（その写しも相手方に送付されます。）。

申　立　て　の　趣　旨	
円　満　調　整	関　係　解　消
※ 1　申立人と相手方間の婚姻関係を円満に調整する。 2　申立人と相手方間の内縁関係を円満に調整する。	※ ①　申立人と相手方は離婚する。 2　申立人と相手方は内縁関係を解消する。 （付随申立て） ①　未成年の子の親権者を次のように定める。 　　　...については父。 　　　**長男 一郎，二男 次郎**　　　　については母。 ②　（□申立人／☑相手方）と未成年の子　**次郎** 　　が面会交流する時期，方法などにつき定める。 ③　（□申立人／☑相手方）は，子　**ら**　　の養育費 　　として，1人当たり毎月（☑金　**〇〇**　円／ 　　□相当額）を支払う。 ④　相手方は，申立人に財産分与として， 　　（☑金　**〇〇**　円／　□相当額　）　を支払う。 ⑤　相手方は，申立人に慰謝料として， 　　（☑金　**〇〇**　円／　□相当額　）　を支払う。 ⑥　申立人と相手方との間の別紙年金分割のための情報 　　通知書（☆）記載の情報に係る年金分割についての請求 　　すべき按分割合を， 　　（☑0．5／　□（.....................））と定める。 (7)

申　立　て　の　理　由							
同　居　・　別　居　の　時　期							

同居を始めた日……（昭和／平成／令和）　〇〇　年　〇〇月〇〇日　　別居をした日……（平成／令和）〇〇　年　〇〇月〇〇日

申　立　て　の　動　機

※　当てはまる番号を〇で囲み，そのうち最も重要と思うものに◎を付けてください。
① 性格があわない　　　②　異　性　関　係　　　3　暴力をふるう　　　④　酒を飲みすぎる
5　性的不調和　　　　　6　浪　費　す　る　　　7　病　　　気
8　精神的に虐待する　　9　家族をすててかえりみない　10　家族と折合いが悪い
11　同居に応じない　　　12　生活費を渡さない　　　13　そ　の　他

夫婦(2/2)

【資料2　事情説明書】東京家庭裁判所HPより

令和　年（家　）第　　　号

事情説明書（夫婦関係調整）

　この書類は，申立ての内容に関する事項を記載していただくものです。あてはまる事項にチェックを付け（複数可），必要事項を記入の上，申立書とともに提出してください。

　なお，この書類は，相手方には送付しませんが，相手方から申請があれば，閲覧やコピーが許可されることがあります。

1 この問題でこれまでに家庭裁判所で調停や審判を受けたことがありますか。	□ ある　　　平成・令和　年　月頃　　　家裁　　　支部 ・ 出張所 □ 今も続いている。　　　申立人の氏名　　　　　　　　　　　　　　　　事件番号　平成・令和　　年（家　）第　　　　号 □ すでに終わった。 □ ない
2 調停で対立すると思われることはどんなことですか。（該当するものに，チェックしてください。複数可。）	□ 離婚のこと　　　□ 同居または別居のこと □ 子どものこと（□親権　□養育費　□面会交流　□その他　　　　　） □ 財産分与の額　　□ 慰謝料の額　　　□ 負債のこと □ 生活費のこと　　　　□ その他　（　　　　　　　　　　）

3 それぞれの同居している家族について記入してください（申立人・相手方本人を含む。）。 ※申立人と相手方が同居中の場合は申立人欄に記入してください。	申立人（あなた）				相　手　方			
	氏　名	年齢	続柄	職業等	氏　名	年齢	続柄	職業等

4 それぞれの収入はどのくらいですか。	月収（手取り）　約　　　　万円 賞与（年　回）計約　　　　万円 □実家等の援助を受けている。月　　万円 □生活保護等を受けている。月　　　万円	月収（手取り）　約　　　　万円 賞与（年　回）計約　　　　万円 □実家等の援助を受けている。月　　万円 □生活保護等を受けている。月　　　万円
5 住居の状況について記入してください。	□ 自宅 □ 当事者以外の家族所有 □ 賃貸（賃料月額　　　　　　円） □ その他（　　　　　　　　　）	□ 自宅 □ 当事者以外の家族所有 □ 賃貸（賃料月額　　　　　　円） □ その他（　　　　　　　　　）
6 財産の状況について記入してください。	(1)　資産 　　□ あり 　　　　□ 土地　　□ 建物 　　　　□ 預貯金　（約　　　万円） 　　　　□ その他　※具体的にお書きください。 　　　　（　　　　　　　　　　） 　　□ なし (2)　負債 　　□ あり　□住宅ローン（約　　　万円） 　　　　　　　□その他　（約　　　万円） 　　□ なし	(1)　資産 　　□ あり 　　　　□ 土地　　□ 建物 　　　　□ 預貯金　（約　　　万円） 　　　　□ その他　※具体的にお書きください。 　　　　（　　　　　　　　　　） 　　□ なし (2)　負債 　　□ あり　□住宅ローン（約　　　万円） 　　　　　　　□その他　（約　　　万円） 　　□ なし
7 夫婦が不和となったいきさつや調停を申し立てた理由などを記入してください。	

令和　　年　　月　　日　　申立人　　　　　　　　　　　　印

【資料3　子についての事情説明書】東京家庭裁判所HPより

令和　年（家　）第　　　号

子についての事情説明書

> この書類は，申立人と相手方との間に未成年のお子さんがいる場合に記載していただくものです。あてはまる事項にチェックを付け，必要事項を記入の上，申立書とともに提出してください。
>
> なお，この書類は，相手方には送付しませんが，相手方から申請があれば，閲覧やコピーが許可されることがあります。

1 現在，お子さんを主に監護している人は誰ですか。	□　申立人 □　相手方 □　その他（　　　　　　　　　　　　　　）
2 お子さんと別居している父または母との関係について，記入してください。 ＊ お子さんと申立人及び相手方が同居している場合には記載する必要はありません。	□　別居している父または母と会っている。 □　別居している父または母と会っていないが，電話やメールなどで連絡を取っている。 □　別居している父または母と会っていないし，連絡も取っていない。 →　上記のような状況となっていることについて理由などがあれば，記載してください。
3 お子さんに対して，離婚等について裁判所で話合いを始めることや，今後の生活について説明したことはありますか。	□　説明したことはない。 □　説明したことがある。 →　説明した内容やそのときのお子さんの様子について，裁判所に伝えておきたいことがあれば，記載してください。
4 お子さんについて，何か心配していることはありますか。	□　ない □　ある →　心配している内容を具体的に記載してください。
5 お子さんに関することで裁判所に要望があれば記入してください。	

令和　年　月　日　申立人　＿＿＿＿＿＿＿＿＿＿印

【資料4　進行に関する照会回答書（申立人用）】東京家庭裁判所HPより

令和　　年（家　）第　　　　号

進行に関する照会回答書（申立人用）

この書面は，調停を進めるための参考にするものです。あてはまる事項にチェックを付け（複数可），空欄には具体的な事情等を記入して，申立ての際に提出してください。審判を申し立てた場合にも，調停手続が先行することがありますので提出して下さい。
この書面は，閲覧・コピーの対象とはしない取扱いになっています。

1　この申立てをする前に相手方と話し合ったことがありますか。	□　ある。（そのときの相手方の様子にチェックしてください。） 　□ 感情的で話し合えなかった。　　　　□ 冷静であったが，話合いはまとまらなかった。 　□ 態度がはっきりしなかった。　　　　□ その他（　　　　　　　　　　　） □　ない。（その理由をチェックしてください。） 　□ 全く話合いに応じないから。　　　□ 話し合っても無駄だと思ったから。 　□ その他（　　　　　　　　）
2　相手方は裁判所の呼出しに応じると思いますか。	□　応じると思う。　　　　　（理由等があれば，記載してください。） □　応じないと思う。 □　分からない。
3　調停での話合いは円滑に進められると思いますか。	□　進められると思う。　　　（理由等があれば，記載してください。） □　進められないと思う。 □　分からない。
4　この申立てをすることを相手方に伝えていますか。	□　伝えた。 □　伝えていない。 　□ すぐ知らせる。　　　□ 自分からは知らせるつもりはない。　□ 自分からは知らせにくい。
5　相手方の暴力等がある場合には，記入してください。	1　相手方の暴力等はどのような内容ですか。 　□大声で怒鳴る・暴言をはく。　□物を投げる。　□殴る・蹴る。　□凶器を持ち出す。 　(1) それはいつ頃のことですか。 　　　　　　　　頃　から　　　　　　　　　　　　頃　　まで 　(2) 頻度はどのくらいですか。 　　　　　　　回 2　相手方の暴力等が原因で治療を受けたことはありますか。 　□ない　　□ある（ケガや症状等の程度　　　　　　　　　　　　　） 3　配偶者暴力に関する保護命令について，該当するものをチェックしてください。 　□申し立てる予定はない。　□申し立てる予定である。 　□申し立てたが，まだ結論は出ていない。　□申し立てたが，認められなかった。 　□認められた。　　　※保護命令書の写しを提出してください。 4　相手方の調停時の対応について 　□裁判所で暴力を振るう心配はない。 　□申立人と同席しなければ暴力を振るうおそれはない。 　□裁判所職員や第三者のいる場所でも暴力を振るう心配がある。 　□裁判所への行き帰りの際に暴力を振るうおそれがある。 　□裁判所に刃物を持ってくるおそれがある。 　□裁判所へ凶器，アルコール類を摂取してくるおそれがある。
6　調停期日の差し支え曜日等があれば書いてください。 　※　調停は平日の午前または午後に行われます。	申立人の　□ 希望曜日　　　　　　　　　　　　　曜日　午前・午後 　　　　　（ご希望に沿えない場合もございます。予めご了承下さい。）， 　　　　　□ 差し支え曜日　　　　　　　　　　　曜日　午前・午後 　　　　　（すでに差し支えることがわかっている日→　　　　　　　　　　） 相手方の　□ 希望曜日　　　　　　　　　　　　　曜日　午前・午後 　　　　　□ 差し支え曜日　　　　　　　　　　　曜日　午前・午後 　　　　　（※分からなければ記載しなくてもかまいません。）
7　裁判所に配慮を求めることがあれば，その内容をお書きください。	

【資料5　連絡先等の届出書】東京家庭裁判所HPより

☑（家イ）
令和 ○○年　　　第 ○○○ 号（期日通知等に書かれた事件番号を書いてください。）
□（家）

連絡先等の届出書（□　変更届出書）

***　連絡先等の変更の場合には上記□にチェックを入れて提出してください。***

1　送付場所

　　標記の事件について，書類は次の場所に送付してください。

　□　申立書記載の住所のとおり

　☑　下記の場所

　　　　場所：　東京都○○区×××○丁目○番○号　　（〒○○○−○○○○）

　　　　場所と本人との関係：□住所　☑実家（　○○　方）

　　　　　　　　　　　　　　□就業場所(勤務先名　　　　　　　　　　　　　　)

　　　　　　　　　　　　　　□その他　＿＿＿＿＿＿＿＿＿＿＿＿＿＿＿＿

　□　委任状記載の弁護士事務所の住所のとおり

2　平日昼間の連絡先

　　┌　携帯電話番号：　○○○−○○○○−○○○○＿＿＿＿＿＿＿

　　└→固定電話番号（□自宅／□勤務先）：　○○○−○○○○−○○○○

　□　どちらに連絡があってもよい。

　☑　できる限り，☑携帯電話／□固定電話への連絡を希望する。

　□　委任状記載の弁護士事務所の固定電話への連絡を希望する。

＊　**1，2について非開示を希望する場合には，非開示の希望に関する申出書**
　を作成して，その申出書の下に本書面をステープラー（ホチキスなど）など
　で付けて一体として提出してください。

＊　連絡先等について非開示を希望する場合には，原則として，開示により当
　事者や第三者の私生活・業務の平穏を害するおそれがあると解し，開示する
　ことはしない取り扱いになっておりますので，その他の理由がなければ，非
　開示の希望に関する申出書の第2項（非開示希望の理由）に記載する必要は
　ありません。

　　　令和○○年○○月○○日

　　　☑申立人／□相手方／□同手続代理人　氏名：　甲　野　花　子　㊞

【資料6　非開示の希望に関する申出書】東京家庭裁判所HPより

＊　この用紙はコピーして使用してください。＊

令和〇〇年（家イ）第　〇〇　号

非開示の希望に関する申出書

＊ 本書面は，**非開示を希望する書面がある場合だけ提出**してください。

＊ **提出する場合には，必ず，この書面の下に，ステープラー（ホチキスなど）で非開示を希望する書面を留めて下さい。添付されていない場合，非開示の希望があるものとは扱われません。**

ステープラー（ホチキスなど）で留めて下さい。

1　別添の書面については，非開示とすることを希望します。

※　非開示を希望する書面ごとにこの申出書を作成し，本申出書の下に当該書面をステープラー（ホチキスなど）などで付けて一体として提出してください（ファクシミリ送信不可）。

※　資料の一部について非開示を希望する場合は，その部分が分かるようにマーカーで色付けするなどして特定してください。

※　非開示を希望しても，裁判官の判断により開示される場合もありますので，あらかじめご了承ください。なお，連絡先等の届出書について非開示を希望する場合には，原則として開示することはしない取り扱いになっています。

2　非開示を希望する理由は，以下のとおりです（当てはまる理由にチェックを入れてください。複数でも結構です。）。

- □　事件の関係人である未成年者の利益を害するおそれがある。
- ☑　当事者や第三者の私生活・業務の平穏を害するおそれがある。
- ☑　当事者や第三者の私生活についての重大な秘密が明らかにされることにより，その者が社会生活を営むのに著しい支障を生じるおそれがある。
- □　当事者や第三者の私生活についての重大な秘密が明らかにされることにより，その者の名誉を著しく害するおそれがある。
- □　その他（具体的な理由を書いてください。）

令和〇〇年〇〇月〇〇日

氏　　名　甲　野　花　子　印

＊ 本書面は，**非開示を希望する書面がある場合だけ提出**してください。

【資料7　慰謝料請求調停申立書例】

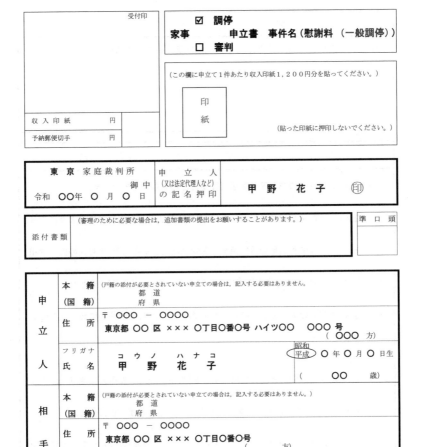

（注）太枠の中だけ記入してください。

（1／1）

申　立　て　の　趣　旨
相手方は申立人に対し，慰謝料として相当額を支払うとの調停を求めます。

申　立　て　の　理　由
1　相手方は,申立人の夫と同じ職場で従業員として勤務しています。
2　申立人の夫は，令和〇年〇月頃から，不自然な外出や残業が目につくようになり
ました。そこで，令和〇年〇月に相手方を問いただしたところ，申立人の夫は令和
〇年〇月頃から相手方と度々不貞行為を行っていることが判明しました。
相手方は，申立人の夫に妻子のいることを認識した上で,不貞関係に至ったとのこ
とです。
3　申立人は,申立人の夫と円満な家庭生活を営めるように,相手方には,以後,申立
人の夫と連絡をとることと面会することを禁止すると約束させました。
しかし,相手方は,その後も,申立人の夫と不貞行為を継続したので,申立人は令和
〇年〇月〇日,申立人の子を連れて家を出ました。
4　これは相手方の理由により離婚せざるを得なくなったものですので慰謝料を請
求するためこの申立てをします。

（2／2）

【資料8　離縁調停申立書例】

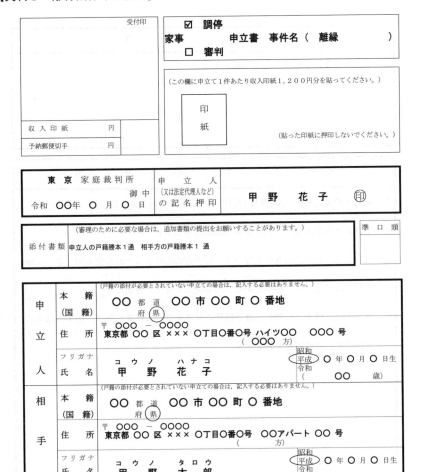

（注）太枠の中だけ記入してください。

申　立　て　の　趣　旨
申立人と相手方は離縁するとの調停を求めます。

申　立　て　の　理　由
1　申立人の母と相手方は，平成〇〇年〇月〇日に婚姻しました。
2　申立人と相手方は，同日に養子縁組届出をしました。
3　申立人は，相手方の養子となって，相手方の現住所に一緒に住んでいましたが，令和〇年〇月頃から，相手方から性的な虐待を受けてきました。
4　申立人は，相手方に対し，養子縁組の解消を申し入れましたが，相手方は応じませんので，この申立てをします。

(2 / 2)

【資料9　電話会議システムの利用を希望する上申書】

令和○○年（家イ）第○○号

上　申　書

（電話会議を希望することについて）

　私は、今般、御庁に夫婦関係調整調停（離婚）を申し立てましたが、遠方に住んでおりますので、出頭できません。つきましては、最寄りの○○家庭裁判所○○支部に出頭し、電話会議で進行に参加させていただきたく、ここに上申致します。

　令和○年○月○日

　　　　申立人
　　　　　住所
　　　　　氏名

㊞
_____

△△家庭裁判所△△支部　御中

【資料10　自庁処理上申書】

令和○○年（家イ）第○○号

自　庁　処　理　上　申　書

　本来、本夫婦関係調整調停（離婚）の申立てを行う管轄裁判所は、○○家庭裁判所ですが、相手方のＡが実際に生活している居所が、○○市の住民票上の住所ではなく、△△市にある不動産の所在にあることから、御庁にて処理していただくよう、ここに上申致します。

```
　　令和○年○月○日


　　　　　　申立人

　　　　　　　　住所

　　　　　　　　氏名

　　　　　　　　　　　　　　　　　　　　　　　　　　　㊞
　　　　　　　　─────────────────────


　△△家庭裁判所　御中
```

7　調停の進行

　離婚調停の申立てがなされると、事件を担当する裁判所書記官から第1回調停期日の日程調整が行われます。

　調停委員会は裁判官1名と男女1名ずつの調停委員で構成されます。期日においては、調停委員が、申立人及び相手方から交互に話を聞きながら各事項について合意点を見出していくことになります。各期日において、申立人及び相手方は各々別の控室に待機しており、20〜30分の聞き取りが終わる度に交互に調停室に入室し、調停委員からの質問等に答えていくことになります。第1回期日においては、申立人は、現在の婚姻生活の状況（同居しているか、別居しているか）、生活費のやり繰りの状況、離婚の理由等について尋ねられることが一般的で、それについて具体的なエピソードを交えて答えることになります。相手方は、婚姻生活についての考え方や申立人が主張する離婚の理由等についての反論・主張を調停委員に伝えることになります。その他、付随事項についても、調停委員会の中で、話し合いが行われていきます。話し合いがまとまるまでは複数回の期日が行われ、概ね1〜2か月に1度の頻度で開催されます。次回期日までの間は、前回の期日において調停委員から提出するように求められた資料の準備や書類の作成・提出等を行うことになります。

8　調停の終了

(1)　調停が成立した場合

　　期日を何度か繰り返すことで、離婚やその付随事項に合意が成立したときは、調停が成立し、裁判所書記官が調停調書を作成します（後記資料）。この調書が作成された時点で離婚の効力が生じます。しかし、離婚届を提出しないと戸籍に離婚した旨が記載されませんので、戸籍法上、調停成立の日から10日以内に調停の申立人は市区町村役場の戸籍係に離婚届の提出をしなければならないとされています（戸籍法77条1項、63条1項）。

　　申立人が、離婚届を提出しない場合は、相手方が提出することができますが（戸籍法77条1項、63条2項）、申立人の不作為を待たなくても、調停調書に「申立人と相手方は、相手方の申出により、本日調停離婚する。」という条項を設けることで、相手方が離婚届の提出を行うことができます。

　　また、離婚のみの合意が成立し、付随事項については合意が成立しなかった場合は、各事項について、改めて審判又は訴訟において解決することになります。

(2)　調停が不成立の場合

　　当事者に合意が成立する見込みがない場合、又は成立した合意が相当でないと認める場合は、調停は不成立に終わりますが、それにより当然に訴訟に移行するようなことはありません。

　　民法770条1項各号に該当する離婚原因が存在する場合は、離婚訴訟を提起することができますが、その離婚の主な原因が「性格の不一致」等であり、民法770条1項各号に該当する離婚原因が存在しない場合は、別居を継続して、民法770条1項5号の「その他婚姻を継続し難い重大な事由」に該当すると判断されるまで待ってから再度離婚調停を申立てるか、離婚訴訟を提起するかを検討することになります。

(3)　調停を取り下げた場合

　　申立人は、調停が終了するまでの間、相手方の同意を要せず、いつでも

離婚調停の申立てを取り下げることができます（家事事件手続法273条1項）。なお、離婚調停を取り下げても、再度、離婚調停を申立てることができます。

【資料　調停調書例】

家事調停官認印

調　停　（成　立）

事件の表示　　令和○年（家イ）第○○○○号　夫婦関係調整調停事件

期　　　日　　令和○年○月○日午後○時○○分

場　所　等　　○○家庭裁判所

家事調停官　　A

家事調停委員　B、C

裁判所書記官　D

当事者等及びその出頭状況

　　本　　籍　○○県○○市○○町○番地

　　住　　所　○○県○○市○○町○番地

　　　　　　申　　立　　人　　　　E　　（出頭）

　　本　　籍　申立人に同じ

　　住　　所　○○県○○市△△町△番地

　　　　　　相　　手　　方　　　　F　　（出頭）

　　　　　　同手続代理人弁護士　　G　　（出頭）

手　続　の　要　領　等

下記調停条項のとおり調停が成立した。

○○家庭裁判所

裁判所書記官　D

調　停　条　項

1　申立人と相手方は、相手方の申出により、本日、調停離婚する。

2　申立人は、相手方に対し、本件離婚に伴う解決金として金○○万円の

支払義務があることを認め、これを次のとおり分割して、○○銀行○○支店の預り口弁護士Ｇ（アズカリグチベンゴシジー）名義の普通預金口座（口座番号○○○○○○）に振り込んで支払う。振込手数料は、申立人の負担とする。

　⑴　令和○年○月末日限り、金○万円

　⑵　令和○年○月から令和○○年○月まで、毎月末日限り、金○万円ずつ

3　申立人が前項⑵の分割金の支払を2回以上怠り、その額が金○万円に達したときは、当然に同項⑵の期限の利益を失い、申立人は、相手方に対し、同項⑵の金員から既払金を控除した残金を直ちに支払う。

4　申立人は、相手方に対し、本件離婚に伴う財産分与として、Ａ株式会社から支払われた退職金から所得税を差し引いた残金の2分の1から金○○○万円を控除した額を、第2項と同様の方法により支払う。振込手数料は、申立人の負担とする。

5　当事者双方は、本件離婚に関し、以上をもって一解決したものとし、本調停条項に定めるほか、今後、互いに慰謝料、財産分与等名義のいかんを問わず、金銭その他一切の財産上の請求をしない。

6　調停費用は各自の負担とする。

　　　　　　　　　　　　　　　　　　　　　　　　　　　　以　上

9　離婚後の離婚に伴う付随事項の調停申立て

　協議離婚において、親権者のみを定めて離婚届を提出した場合等、付随事項についての取り決めをせずに離婚が成立している場合、それらについて協議が調わないとき、又は協議をすることができないときは、調停を申立てることになります。

　離婚前に離婚調停の付随事項として申立てる場合は、離婚調停という1つの事件の中で扱われますが、離婚後に財産分与、慰謝料、養育費、面会交流、年

金分割等の調停を申立てるときは、それらの事項ごとに調停の申立てをしなければなりません（なお、慰謝料については簡易裁判所や地方裁判所に訴訟提起をすることも、簡易裁判所に民事調停を申立てることもできます。）。例えば、養育費と財産分与について調停の制度を利用して解決しようとする場合は、養育費請求調停と財産分与調停の2つの調停申立てをすることになります。また、その際は、それぞれの調停ごとに事件番号が付され、事件が併合されて係属していくことになります。

　以下、各調停申立て書の記載例を掲示します。なお、これらは、すべて家事調停ですので、管轄及び申立手数料については、4及び5（51ページ）を参照してください。また、各申立書及びその写し（家庭裁判所用と相手方用の計2部）に加えて、離婚調停の申立てと同様に、必要に応じて、事情説明書、進行に関する照会回答書（申立人用）、連絡先等の届出書、非開示の希望に関する申出書、財産分与の対象財産の資料（登記事項証明書、残高証明書等）、年金分割のための情報通知等を合わせて提出します。

【財産分与調停申立書例】東京家庭裁判所HPより

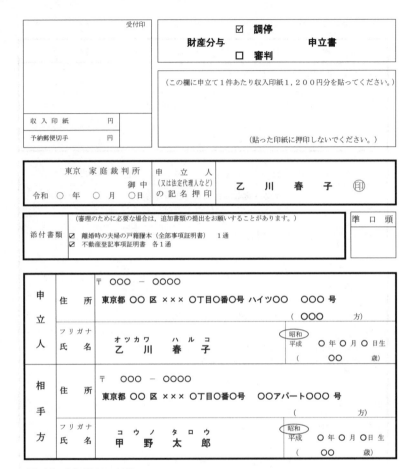

（注）太枠の中だけ記入してください。

(1/7)

※　申立ての趣旨は，当てはまる番号を○で囲んでください。　□の部分は，該当するものにチェックしてください。

申　　立　　て　　の　　趣　　旨
相手方は，申立人に対し，財産分与として
①　（金　〇〇〇　万円　／　□　相当額　　）を支払う
2
旨の（☑調停／□審判）を求めます。

申　　立　　て　　の　　理　　由
婚姻・離婚及び同居・別居の時期等

婚姻の日…<u>昭和</u>平成令和 ……〇年 …〇月 …〇日　　同居をした日…<u>昭和</u>平成令和 ……〇年 …〇月 …〇日

離婚の日…平成<u>令和</u> ……〇年 …〇月 …〇日　　別居をした日…平成<u>令和</u> ……〇年 …〇月 …〇日

夫婦が婚姻中に有した財産について

相手方の財産
- ☑　別紙財産目録記載の相手方名義の財産のとおり
- □　別紙財産目録記載の相手方名義の財産以外にも存在する。
- □　不明

申立人の財産
- □　なし
- ☑　別紙財産目録記載の申立人名義の財産のとおり
- □

申立ての趣旨記載の財産分与を求める理由

- □　相手方が財産分与の話し合いに応じない。
- □　夫婦で婚姻中に有した財産の範囲に争いがある。
- ☑　話し合いを行ったが，合意できなかった。
- □　当事者間で定めた財産分与の約束を守らない。
- □　その他（　　　　　　　　　　　　　　　　　　　　　　　　　）

(2/7)

財　産　目　録　(自　宅)

(土地)

番号	所　　　　在	地番，地目，地積	名　義	備　考
1	○○区○○丁目	☑不動産登記事項証明書のとおり	相手方	
		□不動産登記事項証明書のとおり		

(建物)

番号	所　　　　在	(マンションの場合)マンション名	家屋番号・種類・構造・床面積	名　義	備　考
1	○○区○○丁目	○○マンション	☑不動産登記事項証明書のとおり	相手方	
			□不動産登記事項証明書のとおり		

(住宅ローン)

番号	債権者	借入日借入金額	別居又は離婚の日借入残高	主債務者(連帯)保証人	備考
1	住宅金融公庫	平成○年　　○月○日○○○万円	別居日　　○○万円	相手方連帯保証人申立人	

(3/7)

財 産 目 録 （土 地（自宅以外））

番号	所　　在	地番・地目・地積	名　義	備考
1	○○区○○丁目	☑不動産登記事項証明書記載のとおり	相手方	
2	○○市××○丁目	☑不動産登記事項証明書記載のとおり	相手方	
		□不動産登記事項証明書記載のとおり		
		□不動産登記事項証明書記載のとおり		
		□不動産登記事項証明書記載のとおり		
		□不動産登記事項証明書記載のとおり		
		□不動産登記事項証明書記載のとおり		
		□不動産登記事項証明書記載のとおり		
		□不動産登記事項証明書記載のとおり		

(4/7)

財　産　目　録　（建物（自宅以外））

番号	所　　在	家屋番号・種類・構造・床面積	名　義	備　考
1	○○区○○丁目	☑不動産登記事項証明書記載のとおり	相手方	
		□不動産登記事項証明書記載のとおり		
		□不動産登記事項証明書記載のとおり		
		□不動産登記事項証明書記載のとおり		
		□不動産登記事項証明書記載のとおり		
		□不動産登記事項証明書記載のとおり		
		□不動産登記事項証明書記載のとおり		
		□不動産登記事項証明書記載のとおり		
		□不動産登記事項証明書記載のとおり		

(5/7)

財　産　目　録　（現金，預貯金，株式等）

(注)　預金は銀行名，支店名　種類，口座番号を，株式は銘柄を，投資信託は種類を品目及び細目欄に
記載してください。別居時または離婚時のいずれか早い時点の数量または金額を数量（金額）欄に
記載してください。
　　当該財産の名義（現金・登録等のない動産の場合は保管者）を名義欄に記載してください。

番号	品　　　目	細　　目	数量（金額）	名義	備考
1	現金		○○万円	相手方保管	
2	○○銀行○○支店 （口座番号○○○○○○）	定期預金	○○○万円	相手方	通帳は申立人保管
3	○○銀行××支店 （口座番号○○○○○○）	普通預金	○○万円	相手方	
4	ゆうちょ銀行 （記号番号○○―○○○）	定額貯金	○○○万円	相手方	
5	○○株式会社　株式		○○○株	相手方	○○証券会社○○支店保管
6	（投資信託） ○○証券会社○○支店 （契約番号○○○○）	MMF	○○○口	相手方	

(6/7)

債　務　目　録（住宅ローン以外）

（注）金額欄には，離婚時または別居時のいずれか早い時点の残額を記載してください。

番号	債　権　者	種類	金　額	主債務者 (連帯保証人)
1	○○銀行○○支店	証書貸付	○○○○万円	相手方 （申立人）

(7/7)

【慰謝料調停申立書例】東京家庭裁判所HPより

受付印	☑ 調停 家事　　　　申立書　事件名（　慰謝料　　） □ 審判
	（この欄に申立て1件あたり収入印紙1，200円分を貼ってください。） 印 紙 （貼った印紙に押印しないでください。）
収入印紙　　　　　円 予納郵便切手　　　円	

東 京 家庭裁判所 　　　　　　御中 令和 〇〇年 〇 月 〇 日	申 立 人 （又は法定代理人など） の 記名押印	甲 野 花 子　㊞

添付書類	（審理のために必要な場合は，追加書類の提出をお願いすることがあります。）	準口頭

申 立 人	本　籍 （国籍）	（戸籍の添付が必要とされていない申立ての場合は，記入する必要はありません。） 　　　　　　　都 道 　　　　　　　府 県
	住　所	〒 〇〇〇 － 〇〇〇〇 東京都 〇〇 区 ××× 〇丁目〇番〇号 ハイツ〇〇　 〇〇〇 号 　　　　　　　　　　　　　　　　　　　（ 〇〇〇 方）
	フリガナ 氏　名	コ ウ ノ　ハ ナ コ 甲 野 花 子	昭和 (平成) 〇 年 〇 月 〇 日生 （　　〇〇　歳）

相 手 方	本　籍 （国籍）	（戸籍の添付が必要とされていない申立ての場合は，記入する必要はありません。） 　　　　　　　都 道 　　　　　　　府 県
	住　所	〒 〇〇〇 － 〇〇〇〇 東京都 〇〇 区 ××× 〇丁目〇番〇号　〇〇アパート 〇〇 号 　　　　　　　　　　　　　　　　　　　（　　　方）
	フリガナ 氏　名	オツカワ　タ ロ ウ 乙 川 太 郎	昭和 (平成) 〇 年 〇 月 〇 日生 （　　〇〇　歳）

（注）太枠の中だけ記入してください。

（1／2）

申　　立　　て　　の　　趣　　旨
相手方は申立人に対し，慰謝料として相当額を支払うとの調停を求めます。

申　　立　　て　　の　　理　　由
1　申立人と相手方は，平成○○年○月○日婚姻しました。
2　相手方は，平成○○年○月ころから，人員削減で仕事がきつくなり残業せざるを得ないようになったと言っては，帰宅が毎日のように深夜に及ぶようになりました。しかし，毎月の給料で残業代が増えていないことを不審に思い問いただしたところ，実は，相手方は退社後に毎日のようにパチンコや飲み屋に通っていることが分かりました。
3　そこで，申立人は相手方に対し，円満な家庭生活を営めるように反省を求めようと何度か話合いを試みたのですが，相手方は依然として態度を改めず，さらには申立人を怒鳴りつけたり，殴るなどの暴力を振るい，生活費も満足に入れなくなりましたので，申立人は相手方への愛情を失い，令和○○年○月○日，慰謝料を決めずに協議離婚しました。
4　しかし，これは相手方の一連の言動により離婚せざるを得なくなったものですので，慰謝料を請求するためこの申立てをします。

（2／2）

【養育費請求調停申立書例】東京家庭裁判所HPより

<table>
<tr><td rowspan="2" colspan="2">受付印</td><td colspan="2">☑ 調停</td><td colspan="2">子の監護に関する処分</td></tr>
<tr><td>家事</td><td>申立書　事件名</td><td colspan="2">☑ 養育費請求
□ 養育費増額請求</td></tr>
</table>

	受付印		☑ 調停 家事　　　申立書　事件名 □ 審判	子の監護に関する処分 ☑ 養育費請求 □ 養育費増額請求 □ 養育費減額請求

（この欄に子1人につき収入印紙1,200円分を貼ってください。）

印

紙

（貼った印紙に押印しないでください。）

収入印紙	円
予納郵便切手	円

東 京 家庭裁判所 御中 令和 ○ 年 ○ 月 ○ 日	申 立 人 （又は法定代理人など） の 記名押印	乙 川 春 子　　㊞

添付書類	（審理のために必要な場合は，追加書類の提出をお願いすることがあります。） ☑ 子の戸籍謄本（全部事項証明書） ☑ 申立人の収入に関する資料（源泉徴収票，給与明細，確定申告書，非課税証明書の写し等） □	準 □ 頭

申 立 人	住　所	〒 ○○○ － ○○○○ 東京都 ○○区 ××× ○丁目○番○号 ハイツ○○　　○○○ 号 　　　　　　　　　　　　　　　　　　　（ ○○○ 方）	
	フリガナ 氏　名	オツカワ　　ハルコ 乙 川　春 子	昭和 平成 ○年 ○ 月 ○ 日生 （　　　○○　　　歳）
相 手 方	住　所	〒 ○○○ － ○○○○ 東京都 ○○区 ××× ○丁目○番○号　○○アパート ○○ 号 　　　　　　　　　　　　　　　　　　　　（　　方）	
	フリガナ 氏　名	コウノ　　タロウ 甲 野　太 郎	昭和 平成 ○ 年 ○ 月 ○ 日生 （　　　○○　　　歳）
対 象 と な る 子	住　所	☑ 申立人と同居　／　□ 相手方と同居 □ その他（　　　　　　　　　　　　　）	平成 令和 ○○ 年 ○ 月 ○日生 （　　　○　　　歳）
	フリガナ 氏　名	オツカワ　　イチロウ 乙 川　一 郎	
	住　所	□ 申立人と同居　／　□ 相手方と同居 □ その他（　　　　　　　　　　　　　）	平成 令和　　 年　 月　 日生 （　　　　　　歳）
	フリガナ 氏　名		
	住　所	□ 申立人と同居　／　□ 相手方と同居 □ その他（　　　　　　　　　　　　　）	平成 令和　　 年　 月　 日生 （　　　　　　歳）
	フリガナ 氏　名		
	住　所	□ 申立人と同居　／　□ 相手方と同居 □ その他（　　　　　　　　　　　　　）	平成 令和　　 年　 月　 日生 （　　　　　　歳）
	フリガナ 氏　名		

（注）太枠の中だけ記入してください。□の部分は，該当するものにチェックしてください。

(1/2)

※　申立ての趣旨は，当てはまる番号を○で囲んでください。　□の部分は，該当するものにチェックしてください。

申　立　て　の　趣　旨
（ ☑相手方 ／ □申立人 ）は，（ ☑申立人 ／ □相手方 ）に対し，子の養育費として，次のとおり支払うとの（☑調停 ／ □審判 ）を求めます。
※　①　1人当たり毎月　（☑ 金 ○○ 円 ／ □ 相当額 ）を支払う。
2　1人当たり毎月金＿＿＿＿＿円に増額して支払う。
3　1人当たり毎月金＿＿＿＿＿円に減額して支払う。

申　立　て　の　理　由
同　居　・　別　居　の　時　期
同居を始めた日……（平成）○○ 年 ○○ 月 ○○ 日　　別居をした日……平成 ○○ 年 ○○ 月 ○○ 日 令和 （令和）
養　育　費　の　取　決　め　に　つ　い　て
1　当事者間の養育費に関する取り決めの有無
□あり（取り決めた年月日：平成・令和＿＿年＿＿月＿＿日）　☑なし
2　1で「あり」の場合
(1)　取決めの種類
□口頭　□念書　□公正証書　┌＿＿＿＿家庭裁判所＿＿＿＿（□支部／□出張所）
□調停　□審判　□和解　□判決 → └平成・令和＿＿＿年(家＿＿＿)第＿＿＿＿号┘
(2)　取決めの内容
（□相手方／□申立人）は，（□申立人／□相手方）に対し，平成・令和＿＿年＿＿月
から＿＿＿＿＿まで，子1人当たり毎月＿＿＿＿＿円を支払う。
養　育　費　の　支　払　状　況
□　現在，1人当たり1か月＿＿＿＿＿円が支払われている（支払っている）。
□　平成・令和＿＿年＿＿月まで1人当たり1か月＿＿＿＿＿円が支払われて（支払って）いたがその後（□＿＿＿＿＿円に減額された（減額した）。／□支払がない。）
☑　支払はあるが一定しない。
□　これまで支払はない。
養育費の増額または減額を必要とする事情（増額・減額の場合のみ記載してください。）
□　申立人の収入が減少した。　　□　相手方の収入が増加した。
□　申立人が仕事を失った。
□　再婚や新たに子ができたことにより申立人の扶養家族に変動があった。
□　申立人自身・子にかかる費用（□学費　□医療費　□その他）が増加した。
□　子が相手方の再婚相手等と養子縁組した。
□　その他（＿＿＿＿＿＿＿＿＿＿＿＿＿＿＿＿＿＿＿＿＿＿＿＿）

(2/2)

【面会交流調停申立書例】東京家庭裁判所HPより

<table>
<tr>
<td colspan="2" rowspan="3">受付印</td>
<td>☑　調停</td>
<td rowspan="2">申立書</td>
<td rowspan="2">子の監護に関する処分
（面会交流）</td>
</tr>
<tr>
<td>家事</td>
</tr>
<tr>
<td>□　審判</td>
<td colspan="2">（この欄に未成年者1人につき収入印紙1,200円分を貼ってください。）</td>
</tr>
<tr>
<td>収入印紙　　　　　円</td>
<td></td>
<td colspan="3"></td>
</tr>
<tr>
<td>予納郵便切手　　　円</td>
<td></td>
<td colspan="3">（貼った印紙に押印しないでください。）</td>
</tr>
</table>

東　京　家庭裁判所 御中 令和 ○ 年 ○ 月 ○ 日	申　立　人 （又は法定代理人など） の 記 名 押 印	甲　野　太　郎　　㊞

添付書類	（審理のために必要な場合は，追加書類の提出をお願いすることがあります。） ☑ 未成年者の戸籍謄本（全部事項証明書） □	準口頭

申 立 人	住　所	〒 ○○○ － ○○○○ 東京都 ○○ 区 ××× ○丁目○番○号　ハイツ○○ ○○ 号 （　　　　　　方）		
	フリガナ 氏　名	コウノ　　タロウ 甲　野　太　郎	昭和 平成 ○ 年 ○ 月 ○ 日生 （　　○○　　歳）	
相 手 方	住　所	〒 ○○○ － ○○○○ 東京都 ○○ 区 ××× ○丁目○番○号　ハイツ○○ ○○ 号 （　　　　　　方）		
	フリガナ 氏　名	オツカワ　　ハルコ 乙　川　春　子	昭和 平成 ○ 年 ○ 月 ○ 日生 （　　○○　　歳）	
未 成 年 者	住　所	☑ 申立人と同居　　／　　□ 相手方と同居 □ その他（　　　　　　　　　　　　　　　）	平成 令和 ○ 年 ○ 月 ○ 日生	
	フリガナ 氏　名	コウノ　　イチロウ 甲　野　一　郎	（　　　　　　歳）	
	住　所	☑ 申立人と同居　　／　　□ 相手方と同居 □ その他（　　　　　　　　　　　　　　　）	平成 令和 ○ 年 ○ 月 ○ 日生	
	フリガナ 氏　名	コウノ　　ジロウ 甲　野　次　郎	（　　　　　　歳）	
	住　所	□ 申立人と同居　　／　　□ 相手方と同居 □ その他（　　　　　　　　　　　　　　　）	平成 令和　　年　　月　　日生	
	フリガナ 氏　名		（　　　　　　歳）	
	住　所	□ 申立人と同居　　／　　□ 相手方と同居 □ その他（　　　　　　　　　　　　　　　）	平成 令和　　年　　月　　日生	
	フリガナ 氏　名		（　　　　　　歳）	

（注）太枠の中だけ記入してください。□の部分は，該当するものにチェックしてください。

(1/2)

(注) □の部分は，該当するものにチェックしてください。

申　立　て　の　趣　旨
（☑申立人　／　□相手方）と未成年者が面会交流する時期，方法などにつき（☑調停　／　□審判　）を求めます。

申　立　て　の　理　由

申　立　人　と　相　手　方　の　関　係
☑　離婚した。　　　　　　　　　　　　その年月日：平成・令和○○年○○月○○日
□　父が未成年者＿＿＿＿＿＿＿を認知した。
□　婚姻中→監護者の指定の有無　□あり（□申立人　／　□相手方）　／　□なし

未成年者の親権者（離婚等により親権者が定められている場合）
□　申立人　／　☑　相手方

未　成　年　者　の　監　護　養　育　状　況
☑　平成・令和○○年○○月○○日から平成・令和○○年○○月○○日まで 　　☑申立人　／　□相手方　／　□その他（　　　）　のもとで養育
□　平成・令和　　年　　月　　日から平成・令和　　年　　月　　日まで 　　□申立人　／　□相手方　／　□その他（　　　）　のもとで養育
☑　平成・令和○○年○○月○○日から現在まで 　　□申立人　／　☑相手方　／　□その他（　　　）　のもとで養育

面　会　交　流　の　取　決　め　に　つ　い　て
1　当事者間の面会交流に関する取決めの有無 　　□あり（取り決めた年月日：平成・令和＿＿年＿＿月＿＿日）　　☑なし
2　1で「あり」の場合 　・　取決めの方法 　・　□口頭　□念書　□公正証書 　　　□調停　□審判　□和解　□判決　→ 　・　取決めの内容 　・＿＿＿＿＿＿＿＿＿＿＿＿＿＿＿＿＿＿）

取決めの方法の右側:
＿＿＿＿＿＿＿家庭裁判所＿＿＿＿＿（□支部／□出張所）
平成・令和＿＿＿年（家＿＿＿）第＿＿＿＿号

面　会　交　流　の　実　施　状　況
□実施されている。
□実施されていたが，実施されなくなった。（平成・令和＿＿年＿＿月＿＿日から）
☑これまで実施されたことはない。

本　申　立　て　を　必　要　と　す　る　理　由
☑　相手方が面会交流の協議等に応じないため
□　相手方と面会交流の協議を行っているがまとまらないため
□　相手方が面会交流の取決めのとおり実行しないため
□　その他（＿＿＿＿＿＿＿＿＿＿＿＿＿＿＿＿＿＿＿＿＿）

(2/2)

【年金分割の割合を定める調停申立書例】東京家庭裁判所HPより

<table>
<tr><td rowspan="3">受付印</td><td colspan="2">家 事 　□ 調 停　申 立 書 事件名（請求すべき按分割合）
　　　 ☑ 審 判</td></tr>
</table>

受付印	家 事	□ 調 停　申 立 書 事件名（請求すべき按分割合） ☑ 審 判

（この欄に申立て1件あたり収入印紙1,200円分を貼ってください。）

収入印紙　　　　　円

予納郵便切手　　　円

（貼った印紙に押印しないでください。）

| 東 京 家庭裁判所
御 中
令和 ○ 年 ○ 月 ○ 日 | 申 立 人
（又は法定代理人など）
の 記 名 押 印 | 乙 川 春 子　㊞ |

添付書類　（審理のために必要な場合は，追加書類の提出をお願いすることがあります。）
☑ 年金分割のための情報通知書　1 通（各年金制度ごとに必要）

準 口 頭

申 立 人	住 所	〒 ○○○ － ○○○○ 東京都 ○○ 区 ××× ○丁目○番○号 ハイツ○○　○○○ 号 （ ○○○ 方）
	フリガナ 氏 名	オツカワ　ハルコ 乙 川 春 子	昭和 平成 ○ 年 ○ 月 ○ 日生 （ ○○ 歳）
相 手 方	住 所	〒 ○○○ － ○○○○ 東京都 ○○ 区 ××× ○丁目○番○号　○○アパート ○○ 号 （ 方）
	フリガナ 氏 名	コウノ　タロウ 甲 野 太 郎	昭和 平成 ○ 年 ○ 月 ○ 日生 （ ○○ 歳）

申 立 て の 趣 旨

申立人と相手方との間の別紙（☆）　　1　　　　記載の情報に係る年金分割についての請求すべき按分割合を，（ ☑ 0.5 　/　□（……………） ）と定めるとの（ ☑調停 　/　□審判）を求めます。

申 立 て の 理 由

1　申立人と相手方は，共同して婚姻生活を営み夫婦として生活していたが，
（ ☑ 離婚 　/　□ 事実婚関係を解消）した。
2　申立人と相手方との間の（ ☑ 離婚成立日 　/　□ 事実婚関係が解消したと認められる日），離婚時年金分割制度に係る第一号改定者及び第二号改定者の別，対象期間及び按分割合の範囲は，別紙　　1　　　のとおりである。

（注）　太枠の中だけ記入してください。□の部分は，該当するものにチェックしてください。
☆ 年金分割のための情報通知書の写しをとり，別紙として添付してください（その写しも相手方に送付されます。）。

(1/2)

(注)　審判の場合，下記の審判確定証明申請書（太枠の中だけ）に記載をし，収入印紙150円分を貼ってください。

審 判 確 定 証 明 申 請 書

> (この欄に収入印紙150円分を貼ってください。)
>
>
>
> 　　　　　(貼った印紙に押印しないでください。)

　本件に係る請求すべき按分割合を定める審判が確定したことを証明してください。

　　　　　令和　　　年　　　月　　　日

　　　　　　　　申請人

上記確定証明書を受領した。	上記確定証明書を郵送した。
令和　　　年　　　月　　　日	令和　　　年　　　月　　　日
申請人	裁判所書記官

(2/2)

10　一度合意した親権者・養育費を離婚後に変更する場合

　離婚給付等合意書又は調停等によって、親権者や養育費を取り決めたとしても、事情の変更により、それらを変更することが必要となることがあります。

(1)　親権者の変更

　　夫婦が離婚する際に、子の親権者を父と定めたものの、現に子の監護養育をしているのは母である場合や父が大病を患った場合等、仮に父母間で親権者を母にすることの協議が調ったとしても、親権者の変更は、父母の協議のみではできず、調停又は審判によって変更されます。親権者について調整するには、子の利益のために必要があるかという点について、父母及び子の真意・意向を把握し、子が自分の意思表明をすることができる場合は、子の意見を聴いて、①今までの子の養育状況、②今後の養育方針及び養育環境、③母が新たに親権者となることが適当な理由等を検討して、申立てのとおり親権者を変更すべきか否かが判断されることになります。

【親権者変更調停申立書例】東京家庭裁判所HPより

受付印		☑　**調停**
		家事　　　　　　申立書　　〔　　**親権者の変更**　　〕
		□　**審判**

（この欄に未成年者1人につき収入印紙1,200円分を貼ってください。）

収入印紙　　　　　　円	印
予納郵便切手　　　　円	紙

（貼った印紙に押印しないでください。）

東　京 家庭裁判所	申　立　人		
御中	（又は法定代理人など）	**乙　川　春　子**	㊞
令和 ○ 年 ○ 月 ○ 日	の記名押印		

添付書類	（審理のために必要な場合は，追加書類の提出をお願いすることがあります。） ☑ 申立人の戸籍謄本（全部事項証明書）　　☑ 相手方の戸籍謄本（全部事項証明書） □ 未成年者の戸籍謄本（全部事項証明書）　□	準 □ 頭

申 立 人	本　籍 （国籍）	○○　都道 　　　府㊀　○○ 市 ○○ 町 ○ 番地	
	住　所	〒 ○○○ － ○○○○ **東京都 ○○ 区 ××× ○丁目○番○号 ハイツ○○　○○○ 号** （　　○○○ 方）	
	フリガナ 氏　名	オツカワ　　ハ　ル　コ **乙　川　春　子**	昭和 平成 ○ 年 ○ 月 ○ 日生 （　　○○　　　歳）
相 手 方	本　籍 （国籍）	○○　都道 　　　府㊀　○○ 市 ○○ 町 ○ 番地	
	住　所	〒 ○○○ － ○○○○ **東京都 ○○ 区 ××× ○丁目○番○号 ○○アパート ○○ 号** （　　　　方）	
	フリガナ 氏　名	コウノ　　タ　ロ　ウ **甲　野　太　郎**	昭和 平成 ○ 年 ○ 月 ○ 日生 （　　○○　　　歳）

未 成 年 者	未成年者(ら) の本籍（国籍）	☑ 申立人と同じ　　　　　　□　相手方と同じ □ その他（　　　　　　　　　　　　　　　　　　　）	
	住　所	☑ 申立人と同居　　／　　□ 相手方と同居 □ その他（　　　　　　　　　　　　　　）	平成 令和 ○ 年 ○ 月 ○ 日生 （　　○○　　歳）
	フリガナ 氏　名	コウノ　　イチロウ **甲　野　一　郎**	
	住　所	□ 申立人と同居　　／　　□ 相手方と同居 □ その他（　　　　　　　　　　　　　　）	平成 令和　　年　　月　　日生 （　　　　歳）
	フリガナ 氏　名		
	住　所	□ 申立人と同居　　／　　□ 相手方と同居 □ その他（　　　　　　　　　　　　　　）	平成 令和　　年　　月　　日生 （　　　　歳）
	フリガナ 氏　名		
	住　所	□ 申立人と同居　　／　　□ 相手方と同居 □ その他（　　　　　　　　　　　　　　）	平成 令和　　年　　月　　日生 （　　　　歳）
	フリガナ 氏　名		

（注）太枠の中だけ記入してください。□の部分は，該当するものにチェックしてください。

(1/2)

※　申立ての趣旨は，当てはまる番号を○で囲んでください。
　　□の部分は，該当するものにチェックしてください。

申　立　て　の　趣　旨
※ ① 　未成年者の親権者を，（ ☑相手方 ／ □申立人 ）から（ ☑申立人 ／ □相手方 ） 　　に変更するとの （ ☑調停 ／ □審判 ） を求めます。 （親権者死亡の場合） 2　未成年者の親権者を，　（ □亡父 　／ 　□亡母 ） 　氏名.. 　本籍.. 　から　申立人　に変更するとの　審判　を求めます。

申　立　て　の　理　由
現 在 の 親 権 者 の 指 定 に つ い て
☑　離婚に伴い指定した。　　　　　その年月日　平成・令和○○年○○月○○日 □　親権者の変更又は指定を行った。　（裁判所での手続の場合） 　　　　　　　　　　　　　　　....................家庭裁判所............　（□支部／□出張所） 　　　　　　　　　　　　　　　平成・令和_____年（家）第_____号
親 権 者 指 定 後 の 未 成 年 者 の 監 護 養 育 状 況
☑　平成・令和○○年○○月○○日から平成・令和○○年○○月○○日まで 　　　　　　□申立人 ／ ☑相手方 ／ □その他（_____） のもとで養育 □　平成・令和　　年　　月　　日から平成・令和　　年　　月　　日まで 　　　　　　□申立人 ／ □相手方 ／ □その他（_____） のもとで養育 ☑　平成・令和○○年○○月○○日から現在まで 　　　　　　☑申立人 ／ □相手方 ／ □その他（_____） のもとで養育
親 権 者 の 変 更 に つ い て の 協 議 状 況
□　協議ができている。 ☑　協議を行ったが，まとまらなかった。 □　協議は行っていない。
親 権 者 の 変 更 を 必 要 と す る 理 由
☑　現在，（☑申立人／□相手方）が同居・養育しており，変更しないと不便である。 □　今後，（□申立人／□相手方）が同居・養育する予定である。 □　（□相手方／□未成年者）が親権者を変更することを望んでいる。 □　親権者である相手方が行方不明である。（平成・令和_____年_____月頃から） □　親権者が死亡した。（平成・令和_____年_____月_____日死亡） □　相手方を親権者としておくことが未成年者の福祉上好ましくない。 □　その他（..）

(2/2)

(2)　養育費の増減額

　離婚時に算定表に基づいて養育費の取り決めをしたものの、事情の変更がある場合には、増減額することができます。

　養育費の算定表は、子に必要となる一般的な治療費や子が公立中学校・公立高等学校に通う場合の学校教育費等は考慮していますが、特別な治療費、私立学校に通う場合の学校教育費、高額な費用を要する進学塾・部活動・習い事の月謝等については考慮していません。そのため、増額の事情としては、非監護親の収入が増加した場合だけでなく、子が私立学校に通うことになった場合、子が多額の費用を要する進学塾・部活動・習い事を始める場合、多額の治療費を要する大病を患った場合等が考えられます。

　一方、減額の事情としては、非監護親の扶養家族の増加・リストラ・破産・収入の減少、監護親が再婚し子が再婚相手の養子になった場合、監護親の収入が増加した場合等が該当します。

　これらの事情が生じても、自動的に養育費が増減額されるわけではありません。まずは、父母の協議によりますが、協議が調わないとき、又は協議をすることができないときは、家庭裁判所に調停を申立てることになります。

【養育費増減額請求調停申立書例】東京家庭裁判所HPより

受付印			
		☑ 調停 家事　　申立書　事件名 □ 審判	**子の監護に関する処分** □ 養育費請求 ☑ 養育費増額請求 □ 養育費減額請求
		（この欄に子1人につき収入印紙1,200円分を貼ってください。） 印 紙 （貼った印紙に押印しないでください。）	
収入印紙　　　　円			
予納郵便切手　　円			

東 京 家庭裁判所 御中 令和 ○ 年 ○ 月 ○ 日	申　立　人 （又は法定代理人など） の 記 名 押 印	乙 川　春 子　　㊞

添付書類	（審理のために必要な場合は，追加書類の提出をお願いすることがあります。） ☑ 子の戸籍謄本（全部事項証明書） ☑ 申立人の収入に関する資料（源泉徴収票，給与明細，確定申告書，非課税証明書の写し等） □	準 口 頭

申 立 人	住　所	〒 ○○○ － ○○○○ 東京都 ○○区 ××× ○丁目○番○号 ハイツ○○　　○○○ 号 （ ○○○ 方）	
	フリガナ 氏　名	オツカワ　　ハル　コ 乙 川　春 子	昭和 平成○年○月○日生 （　　○○　　歳）

相 手 方	住　所	〒 ○○○ － ○○○○ 東京都 ○○区 ××× ○丁目○番○号　○○アパート○○ 号 （　　　方）	
	フリガナ 氏　名	コウノ　　タロウ 甲 野　太 郎	昭和 平成 ○ 年○月○日生 （　　○○　　歳）

対 象 と な る 子	住　所	☑ 申立人と同居　／　□ 相手方と同居 □ その他（　　　　　　　　　　　）	平成 令和 ○○ 年 ○ 月○日生
	フリガナ 氏　名	オツカワ　　イチロウ 乙 川　一 郎	（　　　○　　　歳）
	住　所	□ 申立人と同居　／　□ 相手方と同居 □ その他（　　　　　　　　　　　）	平成 令和　　年　月　日生
	フリガナ 氏　名		（　　　　　歳）
	住　所	□ 申立人と同居　／　□ 相手方と同居 □ その他（　　　　　　　　　　　）	平成 令和　　年　月　日生
	フリガナ 氏　名		（　　　　　歳）
	住　所	□ 申立人と同居　／　□ 相手方と同居 □ その他（　　　　　　　　　　　）	平成 令和　　年　月　日生
	フリガナ 氏　名		（　　　　　歳）

（注）太枠の中だけ記入してください。□の部分は，該当するものにチェックしてください。

（1/2）

※　申立ての趣旨は，当てはまる番号を○で囲んでください。　□の部分は，該当するものにチェックしてください。

申　立　て　の　趣　旨
（ ☑相手方　/　□申立人 ）は，（ ☑申立人　/　□相手方 ）に対し，子の養育費として，次のとおり支払うとの（☑調停　/　□審判）を求めます。
※　1　1人当たり毎月　（□ 金＿＿＿＿＿円 ／ □　相当額 ）を支払う。
②　1人当たり毎月金　○○万＿＿円に増額して支払う。
3　1人当たり毎月金＿＿＿＿円に減額して支払う。

申　立　て　の　理　由
同　居　・　別　居　の　時　期
同居を始めた日……（平成）・令和　○○年○○月○○日　　別居をした日……平成・（令和）○○年○○月○○日
養　育　費　の　取　決　め　に　つ　い　て
1　当事者間の養育費に関する取り決めの有無
☑あり（取り決めた年月日：平成・令和＿＿年＿＿月＿＿日）　　□なし
2　1で「あり」の場合
(1)　取決めの種類
□口頭　□念書　☑公正証書　┌＿＿＿＿＿家庭裁判所＿＿＿＿（□支部／□出張所）
□調停　□審判　□和解　□判決 → └平成・令和＿＿＿年(家＿＿)第＿＿＿号
(2)　取決めの内容
（☑相手方／□申立人）は，（☑申立人／□相手方）に対し，平成・（令和）○ 年○月から　○○　まで，子1人当たり毎月　○万＿＿円を支払う。
養　育　費　の　支　払　状　況
□　現在，1人当たり1か月＿＿＿＿円が支払われている（支払っている）。
□　平成・令和＿＿年＿＿月まで1人当たり1か月＿＿＿＿円が支払われて（支払って）いたがその後（□＿＿＿円に減額された（減額した）。／□支払がない。）
☑　支払はあるが一定しない。
□　これまで支払はない。
養育費の増額または減額を必要とする事情（増額・減額の場合のみ記載してください。）
□　申立人の収入が減少した。　　□　相手方の収入が増加した。
□　申立人が仕事を失った。
□　再婚や新たに子ができたことにより申立人の扶養家族に変動があった。
☑　申立人自身・子にかかる費用（☑学費　□医療費　□その他）が増加した。
□　子が相手方の再婚相手等と養子縁組した。
□　その他（＿＿＿＿＿＿＿＿＿＿＿＿＿＿＿＿＿＿＿＿＿＿＿＿＿）

(2/2)

11　離婚後の紛争調整

　離婚後も、元夫と元妻の間で、親権、財産分与、慰謝料、養育費、面会交流、年金分割等以外の紛争が生じる場合があり得ます。例えば、元妻が元夫名義の不動産を財産分与によって取得したものの、元夫が、その不動産内に荷物を置いたままにしているので、早く荷物をまとめて出て行って欲しいという場合です。このような場合、その紛争調整には、まずは、当事者の協議によりますが、協議が調わないとき、又は協議をすることができないときは、家庭裁判所に調停を申立てることになります。

　離婚後の紛争調整調停申立書例については、93〜94ページを参照してください。

12　子の引渡し

　離婚によって親権者が定められた後、親権者となれなかった者が、親権者から子を連れ去ったり、親権者に子を引き渡さなかったりすることがあります。このような場合、親権者は、子の監護権に基づいて家事調停により子の引渡しを求めることができます（場合によっては、人身保護法による引渡しを求めることができます。）。

　子の引渡し調停申立書例については、95〜96ページを参照してください。

【離婚後の紛争調整調停申立書例】東京家庭裁判所HPより

受付印	☑　調停 家事　　　　申立書　事件名（　離婚後の紛争　） □　審判
	（この欄に申立て1件あたり収入印紙1,200円分を貼ってください。） 　　印 　　紙 （貼った印紙に押印しないでください。）
収入印紙　　　　　円	
予納郵便切手　　　円	

東 京 家 庭 裁 判 所 　　　　　　御 中 令和　〇〇年　〇 月　〇 日	申　立　人 （又は法定代理人など） の 記 名 押 印	甲 野　花 子　　㊞

添 付 書 類	（審理のために必要な場合は，追加書類の提出をお願いすることがあります。）	準 口 頭

申 立 人	本　　籍 （国　籍）	（戸籍の添付が必要とされていない申立ての場合は，記入する必要はありません。） 　　　　　都 道 　　　　　府 県	
	住　　所	〒 〇〇〇 － 〇〇〇〇 **東京都 〇〇 区 ××× 〇丁目〇番〇号 ハイツ〇〇　〇〇〇 号** 　　　　　　　　　　　（　〇〇〇　方）	
	フリガナ 氏　　名	コ ウ ノ　ハ ナ コ **甲 野　花 子**	昭和 平成　〇 年〇 月〇 日生 （　　〇〇　　歳）
相 手 方	本　　籍 （国　籍）	（戸籍の添付が必要とされていない申立ての場合は，記入する必要はありません。） 　　　　　都 道 　　　　　府 県	
	住　　所	〒 〇〇〇 － 〇〇〇〇 **東京都 〇〇 区 ××× 〇丁目〇番〇号　〇〇アパート 〇〇 号** 　　　　　　　　　　　（　　　方）	
	フリガナ 氏　　名	オ ツ カ ワ　タ ロ ウ **乙 川　太 郎**	昭和 平成　〇 年〇 月〇 日生 （　　〇〇　　歳）

（注）太枠の中だけ記入してください。

（1／2）

申　　　立　　　て　　　の　　　趣　　　旨
申立人と相手方間の離婚後の紛争を調整する調停を求めます。

申　　　立　　　て　　　の　　　理　　　由
1　申立人と相手方は，平成〇〇年〇〇月〇〇日に協議離婚しました。
2　申立人が現在住んでいる自宅は，離婚の際に，申立人と相手方の共有名義であったものを申立人名義にしたもので，相手方は，生活が落ち着いたら荷物を取りに来ると約束したため，しばらく相手方の荷物をそのままにしておくことにしました。
3　ところが，相手方は，離婚後〇年が経過し，生活が落ち着いているにもかかわらず，再三催促しても一向に荷物を引き取りに来ません。捨てることもできずに困っています。
4　相手方との話合いによる解決の見込みがないので，この申立てをします。

(2／2)

【子の引渡し調停申立書例】最高裁判所HPより

この申立書の写しは，法律の定めるところにより，申立ての内容を知らせるため，相手方に送付されます。

※　申立書の写しは相手方に送付されますので，あらかじめご了承ください。

受付印	家事	☑ 調停 □ 審判	申立書　事件名（子の引渡し）

（この欄に申立て1件あたり収入印紙1,200円分を貼ってください。）

印　紙

（貼った印紙に押印しないでください。）

収入印紙　　　　円
予納郵便切手　　　円

○○家庭裁判所 　　　御中 令和○年○月○日	申　立　人 （又は法定代理人など） の記名押印	乙　川　春　子　㊞

添付書類	（審理のために必要な場合は，追加書類の提出をお願いすることがあります。）	準 □ 口頭

	本　籍 （国　籍）	（戸籍の添付が必要とされていない申立ての場合は，記入する必要はありません。） 　　　　　都　道 　　　　　府　県	
申 立 人	住　所	〒 ○○○ － ○○○○ ○○県○○市○○町○番○号○○アパート　○号 ※裁判所から連絡がとれるように正確に記入していただく必要がありますが， ご不明な点があれば，申立書を提出される裁判所にお問い合わせください。　　　　方）	
	フリガナ 氏　名	オ ツ カ ワ　　ハ ル コ 乙　川　春　子	大正 昭和 ○ 年 ○ 月 ○ 日生 平成 令和 （　○　歳）
	本　籍 （国　籍）	（戸籍の添付が必要とされていない申立ての場合は，記入する必要はありません。） 　　　　　都　道 　　　　　府　県	
相 手 方	住　所	〒 ○○○ － ○○○○ ○○県○○市○○町○番○号 ※裁判所から連絡がとれるように正確に記入していただく必要があります。（　　　方）	
	フリガナ 氏　名	コ ウ ノ　　イ チ ロ ウ 甲　野　一　郎	大正 昭和 ○ 年 ○ 月 ○ 日生 平成 令和 （　○　歳）

（注）太枠の中だけ記入してください。

この申立書の写しは，法律の定めるところにより，申立ての内容を知らせるため，相手方に送付されます。

申　立　て　の　趣　旨
相手方は，申立人に対し，未成年者乙川太郎を引き渡すとの調停を求めます。

申　立　て　の　理　由
1　申立人と相手方は，令和〇〇年〇月〇日，未成年者の親権者を申立人と定めて協議離婚しました。
2　その後，申立人が未成年者の監護養育にあたっていましたが，同年〇月〇日，祖父母が会いたがっているからと言って，相手方が未成年者を相手方宅に連れて行ったまま，以後，申立人がいくら催促をしても未成年者の引渡しに応じません。
3　よって，申立ての趣旨のとおりの調停を求めます。

（別紙）

※ 未成年者	本　籍	都道府県		
	住　所	〒　　－　相手方の住所と同じ		（　　　　方）
	フリガナ 氏　名	オツカワ　タロウ 乙　川　太　郎	大正 昭和 平成 令和 〇年〇月〇日生	（　〇　歳）

13　調停等の内容が履行されない場合

　調停等が成立しても、義務者が合意内容を履行しないこともあります。その場合に、権利者が利用できる制度として、①履行勧告、②履行命令、③強制執行の３つの制度があります。

(1)　履行勧告

　　調停等の成立した家庭裁判所は、権利者の申出があるときは、調停等で定められた義務の履行状況を調査し、義務者に対してその義務の履行を勧告することができます（この勧告を「履行勧告」といいます。）。

　　履行勧告は、金銭の支払いに限定されず、強制執行になじまないケース（子の引渡し等）も対象になります。なお、義務者が履行勧告に応じない場合でも、その履行を強制することはできません。

　　履行勧告申出書例については、98ページを参照してください。

(2)　履行命令

　　家庭裁判所は、調停等によって定められた金銭の支払いその他財産上の給付を目的とする義務の履行を怠った者に対して、相当の期間を定めてその義務を履行すべきことを命ずる審判をすることができます（これを「履行命令」といいます。）。

　　義務者が、正当な理由なく、履行命令に従わない場合は、10万円以下の過料に処せられます。

　　履行命令申立書例については、99〜100ページを参照してください。

【履行勧告申出書例】 大阪家庭裁判所HPより

<table>
<tr><td rowspan="2" colspan="2">受付印</td><td rowspan="2">履　行　勧　告　申　出　書</td></tr>
</table>

（以下の太枠内にご記入ください。）

履行義務を定めた □　審　判　事　件 ■　調　停　事　件	■平成 　30年（家イ　）第○○○号 □令和	■夫婦関係調整　事件 □子の監護を定める処分（養育費請求）　事件 □（　　　　　　　　　）事件
□　審　判　日 ■　調停成立日	令和　元　年　○○　月　○○　日	

	申　出　人　（権利者）	相　手　方　（義務者）
氏　名	**谷町松子**　　　㊞ （旧姓　**大阪**　）	**大阪梅夫** （旧姓　　　　）
住　所	○○市○○区○○1丁目1番地	○○県○○市○○町2丁目2番地 ○○マンション　501号室
電　話 （日中連絡の とれる番号）	**090**－○○○○－○○○○	**080**－○○○○－○○○○

申　出　の　趣　旨

上記事件につき定められた義務の履行を相手方に勧告してください。

申　出　ま　で　の　履　行　状　況　等

調停調書第○項によって，相手方は，申出人に対して，長男竹雄の養育費として平成○○年○月から1か月○万円を支払うことになっていますが，相手方は，平成○○年○月分まではその支払をしましたが，平成○○年○月分から令和元年○月分まで合計○○万円の支払をしていません。

よって，この申出をします。

【履行命令申立書例】

<table>
<tr><td colspan="2" style="text-align:center">受付印</td><td colspan="2">家事審判申立書　事件名（　履行命令　）</td></tr>
<tr><td colspan="2" rowspan="2"></td><td colspan="2">（この欄に申立て1件あたり収入印紙500円分を貼ってください。）</td></tr>
<tr><td colspan="2">印
紙

（貼った印紙に押印しないでください。）</td></tr>
<tr><td>収入印紙</td><td>円</td><td colspan="2"></td></tr>
<tr><td>予納郵便切手</td><td>円</td><td colspan="2"></td></tr>
</table>

東　京 家庭裁判所 御中 令和 〇〇年 〇 月 〇 日	申　立　人 （又は法定代理人など） の 記 名 押 印	甲　野　花　子　㊞

添付書類	（審理のために必要な場合は，追加書類の提出をお願いすることがあります。）	準口頭

<table>
<tr><td rowspan="4">申
立
人</td><td>本　籍
（国　籍）</td><td colspan="2">（戸籍の添付が必要とされていない申立ての場合は，記入する必要はありません。）
　　　　都　道
　　　　府　県</td></tr>
<tr><td>住　所</td><td colspan="2">〒 〇〇〇 － 〇〇〇〇
東京都 〇〇 区 ××× 〇丁目〇番〇号 ハイツ〇〇　 〇〇〇 号
（　〇〇〇　方）</td></tr>
<tr><td>フリガナ
氏　名</td><td>コウノ　ハナコ
甲　野　花　子</td><td>昭和
平成 〇 年 〇 月 〇 日生
（　　　〇〇　　歳）</td></tr>
<tr><td></td><td></td><td></td></tr>
<tr><td rowspan="3">相
手
方</td><td>本　籍
（国　籍）</td><td colspan="2">（戸籍の添付が必要とされていない申立ての場合は，記入する必要はありません。）
　　　　都　道
　　　　府　県</td></tr>
<tr><td>住　所</td><td colspan="2">〒 〇〇〇 － 〇〇〇〇
東京都 〇〇 区 ××× 〇丁目〇番〇号　〇〇アパート 〇〇 号
（　　　　方）</td></tr>
<tr><td>フリガナ
氏　名</td><td>オツカワ　タロウ
乙　川　太　郎</td><td>昭和
平成 〇 年 〇 月 〇 日生
（　　　〇〇　　歳）</td></tr>
</table>

（注）太枠の中だけ記入してください。

（1／2）

申　立　て　の　趣　旨
相手方は申立人に対し，相手方が申立人に対して負担している令和〇年〇月〇日に成立した令和〇年（家イ）第〇号養育費請求申立事件の調停条項第3項の義務の履行を命ずる，との審判を求めます。

申　立　て　の　理　由
1　前記調停調書第3項によって，相手方は，申立人に対して，長男〇〇の養育費として1か月〇万円を支払うことになっています。
2　相手方は，何らの理由を示すことなく，また，御庁の履行勧告にもかかわらず，令和〇年〇月以降の支払いをしません。
3　よって，申立ての趣旨記載のとおり相手方に対し，履行命令をしていただきたく，この申立てをします。

（2／2）

⑶　**強制執行**

ア　**直接強制**

　　履行勧告・履行命令によっても義務者が任意の義務の履行をしない場合は、義務者の住所地を管轄する地方裁判所に対して、義務者の給与等を差押え、その回収を図ることになります。例えば、養育費の未払いによる給与の差押えについては、その2分の1まで差押えることができます。なお、既に支払期限が到来した未払いの養育費と併せて、将来分の養育費、財産分与、慰謝料等についても差押えの申立てをすることができます。

【申立書類例】 東京地方裁判所民事第21部（民事執行センター・インフォメーション21）HPより

（債権差押命令申立書例）

表紙4（定期金＋一般）

【記載例】

債権差押命令申立書
（扶養義務等に係る定期金債権及び一般債権による差押え）

東京地方裁判所民事第21部　御中

　　　令和2年1月31日

　　　　　　　　　　　債権者　　執 行 花 子　　　　印

　　　　　　　　　　　　　電 話 ０３－３３３３－××××

　　　　　　　　　　　　　ＦＡＸ 同 上

　　　　　当事者　　　⎫
　　　　　請求債権　　 ⎬　別紙目録記載のとおり
　　　　　差押債権　　 ⎭

　債権者は，債務者に対し，別紙請求債権目録記載の執行力ある債務名義の正本に記載された請求債権を有しているが，債務者がその支払をしないので，債務者が第三債務者に対して有する別紙差押債権目録記載の債権の差押命令を求める。

　☑ 第三債務者に対し，陳述催告の申立て（民事執行法第１４７条１項）をする。

　□

> 「陳述催告」とは，第三債務者から差押債権内容について「陳述書」の提出を催告する手続です。その陳述書には，例えば給料の差押えであれば，「債務者を雇っているか，給料はいくらか」等を，預貯金の差押えであれば，「債務者の口座はあるか，残高はいくらか」等を記載するようになっています。陳述書は債権者と裁判所に送付されます。なお，この陳述催告は差押命令正本と同時に発送します。

添付書類

1　執行力のある債務名義の正本　　1通
2　同送達証明書　　　　　　　　　1通
3　資格証明書　　　　　　　　　　1通
4　戸籍謄本　　　　　　　　　　　1通
5　住民票　　　　　　　　　　　　2通

□については，レを付したもの。

（当事者目録）

【記載例】

当 事 者 目 録

〒　102-…　東京都千代田区……

　　　　債 権 者　　〇〇〇〇株式会社

　　　　　　　　　　代表者代表取締役　〇　〇　〇　〇

　　　（送達場所）　☑上記住所　　□

　　　（連絡先）　　電話０３−〇〇〇〇−〇〇〇〇

〒　102-…　東京都千代田区……

　　　　債 務 者　　〇　〇　〇　〇

〒　102-…　東京都千代田区……

　　　第三債務者　　株式会社〇〇〇〇

　　　　　　　　　　代表者代表取締役　〇　〇　〇　〇

（送達場所）

〒　102-…　東京都千代田区霞が関……

　　　　　　　　　　株式会社〇〇〇〇霞が関支店

※　債権者及び債務者は，原則として，執行力ある債務名義の正本に記載されているとおりに記載する。

　住所の移転等があるときは，債務名義上の住所等と現在の住所等を併記し，住民票等の公文書でその同一性を証明する。

【債権者に承継がある場合の書式】

当　事　者　目　録

〒

　　　債権者　　　　　　　　承継人

　　（送達場所）　□　上記住所　　□
　　（連絡先）　　　電話

〒

　　　債　務　者

〒

　　　第三債務者

　（送達場所）
〒

【債務名義上の住所氏名に変更があったときの書式】

当　事　者　目　録

（住所）〒

　□（債務名義上の住所）

　　　債　権　者

　　　　　□（債務名義上の氏名）

　　（送達場所）　　□　　上記住所　　　□

　　（連絡先）　　　電話

（住所）〒

　□（債務名義上の住所）

　　　債　務　者

　　　　　□（債務名義上の氏名）

〒

　　　第三債務者

（送達場所）

〒

【第三債務者が多数のときの継続用紙】

〒

　　　第三債務者

（送達場所）

〒

〒

　　　第三債務者

（送達場所）

〒

〒

　　　第三債務者

（送達場所）

〒

〒

　　　第三債務者

（送達場所）

〒

（請求債権目録）

【記載例】

請　求　債　権　目　録　（１）

（扶養義務等に係る定期金債権等）

☑　東　京　法　務　局

　　　　　　所属公証人　山田一郎　作成令和元年第　１２３　号

□　　　地方法務局

公正証書の執行力のある正本に表示された下記金員及び執行費用

記

１　確定期限が到来している債権及び執行費用　金　７０，４９１円

（１）　金　６０，０００円

　　　　ただし，債権者，債務者間の　長女××　についての令和元年５月から
令和元年７月まで１か月金２０，０００円の養育費の未払分（支払期毎月末
日）

（２）　金　１０，４９１円　　　ただし，執行費用

（内訳）	本申立手数料	金４，０００円
	本申立書作成及び提出費用	金１，０００円
	差押命令正本送達費用	金２，９４１円
	資格証明書交付手数料	金　６００円
	送達証明書申請手数料	金　２５０円
	執行文付与申請手数料	金１，７００円

２　確定期限が到来していない定期金債権

　　令和元年８月から令和１１年１２月（債権者，債務者間の　長女××　が満２０歳
に達する月）まで，毎月末日限り金２０，０００円ずつの養育費

　(注) 該当する事項の□にレを付する。

【記載例】

請 求 債 権 目 録 （2）

（一般債権）

☑　東　京　法　務　局

所属公証人　山田一郎　作成令和元年第　１２３　号

□　　　　地方法務局

公正証書の執行力のある正本に表示された下記金員

記

1　元金　　　　　　　　　金　１，０００，０００円

ただし，令和元年５月７日付け財産分与契約に基づく財産分与請求権

2　損害金　　　　　　　　金　３３，５５０円

☑　上記1に対する，令和元年６月１日から令和２年１月３１日まで年５パーセントの割合による金員

□　上記1の内金　　　　　　　　　円に対する，令和　　年　　月　　日から

令和　　年　　月　　日まで　　　　　　　　　の割合による金員

合計　金１，０３３，５５０円

☑　弁済期令和元年５月３１日　　　□　最終弁済期令和　　年　　月　　日

□　なお，債務者は，

に支払うべき金員の支払を怠り，令和　　年　　月　　日の経過により期限の利益を喪失した。

□　なお，債務者は，

に支払うべき金員の支払を怠り，その額が金　　　　　　　　　円に達したので，

令和　　年　　月　　日の経過により期限の利益を喪失した。

□　なお，債務者は，

に支払うべき金員の支払を怠り，その額が　　回分以上に達したので，令和　　年

月　　日の経過により期限の利益を喪失した。

□

(注) 該当する事項の□にレを付する。

（差押債権目録）

【記載例～養育費子ども2人の記載例】
差 押 債 権 目 録（1）
（請求債権目録(1)の債権について）

1　金180，000円（請求債権目録記載の1）
2　(1)　平成19年3月から平成28年5月まで，毎月末日限り金30，000
　　　　円ずつ（請求債権目録記載の2(1)）
　　(2)　平成19年3月から令和元年8月まで，毎月末日限り金30，000円
　　　　ずつ（請求債権目録記載の2(2)）

　債務者（　　　　　　　　　勤務）が第三債務者から支給される，本命令送達日以
降支払期の到来する下記債権にして，頭書1及び2の金額に満つるまで
　ただし，頭書2の(1)及び(2)の金額については，その確定期限の到来後に支払
期が到来する下記債権に限る。

記

1　給料（基本給と諸手当，ただし通勤手当を除く。）から所得税，住民税及び
　社会保険料を控除した残額の2分の1（ただし，上記残額が月額66万円を
　超えるときは，その残額から33万円を控除した金額）

2　賞与から1と同じ税金等を控除した残額の2分の1（ただし，上記残額が
　66万円を超えるときは，その残額から33万円を控除した金額）

　なお，1及び2により弁済しないうちに退職したときは，退職金から所得税
及び住民税を控除した残額の2分の1にして，1及び2と合計して頭書金額に
満つるまで

【記載例】

差 押 債 権 目 録 (2)

(請求債権目録(2)の債権について)

金1，000，300円

　債務者（　　　　　　　　　勤務）が第三債務者から支給される，本命令送達日以降支払期の到来する下記債権にして，頭書金額に満つるまで

記

1　給料（基本給と諸手当。ただし，通勤手当を除く。）から所得税，住民税及び社会保険料を控除した残額の4分の1（ただし，上記残額が月額44万円を超えるときは，その残額から33万円を控除した金額）

2　賞与から1と同じ税金等を控除した残額の4分の1（ただし，上記残額が44万円を超えるときは，その残額から33万円を控除した金額）

　なお，1及び2により弁済しないうちに退職したときは，退職金から所得税及び住民税を控除した残額の4分の1にして，1及び2と合計して頭書金額に満つるまで

イ　間接強制

　間接強制とは、債務を履行しない義務者に対し、一定期間内に履行しなければその債務とは別に間接強制金を課すことを警告することで義務者に心理的圧迫を加え、自発的な支払いを促すものです。金銭の支払いを目的とする債権については、間接強制の手続をとることはできませんが、養育費や婚姻費用の分担金等、夫婦・親子その他の親族関係から生ずる扶養に関する権利については、間接強制の方法による強制執行をすることができます。

　間接強制の申立先は、債務名義が調停調書の場合は、調停等が成立した家庭裁判所、公正証書の場合は、債務者の普通裁判籍の所在地を管轄する地方裁判所となります。

【間接強制申立書例】最高裁判所HPより

<u>この申立書の写しは，法律の定めるところにより，申立ての内容を知らせるため，相手方に送付されます。</u>

受付印	家事 ☐ 調停　☐ 審判　申立書　事件名（　間接強制　）
	（この欄に申立て1件あたり収入印紙1,200円分を貼ってください。） 印　紙　　※ 収入印紙2000円分を貼ってください。 （貼った印紙に押印しないでください。）
収入印紙　　　円 予納郵便切手　　円	

○○ 家庭裁判所 　　　　　御中 令和 ○ 年○月○日	申立人 （又は法定代理人など） の記名押印	乙　川　春　子　㊞

添付書類	（審理のために必要な場合は，追加書類の提出をお願いすることがあります。）	準口頭

申立人／債権者㊞	本籍 （国籍）	（戸籍の添付が必要とされていない申立ての場合は，記入する必要はありません。） 　都道 　府県		
	住所	〒 ○○○ － ○○○○ ○○県○○市○○町○丁目○番○号　○○アパート○号 ※裁判所から連絡がとれるように正確に記入していただく必要がありますが， ご不明な点があれば，申立書を提出される裁判所にお問い合わせください。（　　方）		
	フリガナ 氏名	オツカワ　ハルコ 乙　川　春　子	大正 昭和 ○年○月○日生 平成 令和　（　○　歳）	
相手方／債務者㊞	本籍 （国籍）	（戸籍の添付が必要とされていない申立ての場合は，記入する必要はありません。） 　都道 　府県		
	住所	〒 ○○○ － ○○○○ ○○県○○市○○町○丁目○番○号　○○マンション○○○号 ※裁判所から連絡がとれるように正確に記入していただく必要があります。（　　方）		
	フリガナ 氏名	コウノ　イチロウ 甲　野　一　郎	大正 昭和 ○年○月○日生 平成 令和　（　○　歳）	

（注）太枠の中だけ記入してください。

別表第二，調停（1/3）

<u>この申立書の写しは，法律の定めるところにより，申立ての内容を知らせるため，相手方に送付されます。</u>

申　立　て　の　趣　旨
別紙のとおり。

申　立　て　の　理　由
1　債権者は，債務者を相手方として，○○家庭裁判所に子の監護に関する処分（養育費）の
申立てをし，令和○年（家）第○○○号事件として係属しました。
2　○○家庭裁判所は，令和○年○月○日，同事件につき，債務者は，債権者に対し，「長男
○○の養育費として，令和○年○月から同人が満○歳に達する日の属する月まで，1か月当
たり金○万円を支払え。」との審判をし，この審判は○月○日に確定しました。
3　しかしながら，債務者は，前項のうち令和○年○月分を支払ったきりで，その後は全く
支払ってくれません。
4　債権者は，債務者の履行遅滞により，少なくとも支払われるべき養育費と同額の損害を
受けています。よって，申立ての趣旨記載の裁判を求めます。

別表第二，調停（2／3）

（別　紙）

申　立　て　の　趣　旨

1　〇〇家庭裁判所令和〇年（家）第〇〇〇号子の監護に関する処分（養育費）申立事件の執行力ある審判正本に基づいて，債務者は，この決定の送達を受けた日から〇日以内（ただし，次の(2)の金員のうち，この期間内に弁済期が到来しない部分については，それぞれ弁済期が到来するまで）に債権者に対し，次の金員を支払え。

(1)　確定期限が到来している債権　　　　金〇〇万円

　　　ただし，令和〇年〇月から令和〇年〇月まで1か月金〇万円の養育費未払分

(2)　確定期限が到来していない債権　　　金〇〇万円

　　　令和〇年〇月から令和〇年〇〇月（※6か月間）まで，毎月末日限り金〇万円の養育費

2　債務者が，前項の期間内に同項(1)の金員の全額を支払わないときは，債務者は，債権者に対し金〇〇万円を支払え。

3　債務者が第1項の期間内に同項(2)の各月ごとの金員の全額を支払わないときは，債務者は，債権者に対し，各月分全額の支払がなされないごとに〇万円ずつを支払え。

以　上

(3/3)

−114−

第3　財産分与の登記

1　共同申請による財産分与の登記

(1) 意　義

　　財産分与の合意がなされることで、①それが離婚前の合意であるときは、離婚の成立した日（協議離婚の場合は離婚届の提出日、調停離婚・審判離婚・裁判離婚の場合は調停成立日、審判・判決の確定日）に、②それが離婚後の合意であるときは、その合意の成立した日に、それぞれ財産分与の効力が生じ、実体法上、分与対象財産の所有権が、分与を受けるとされた者に移転します。

　　登記申請は、原則的に、登記権利者（その登記申請によって権利を取得する者）と登記義務者（その登記申請によって権利を失う者）の共同申請によるものとされています（不動産登記法60条）ので、原則的に、離婚の当事者双方の関与のもと、財産分与による所有権移転登記申請手続がなされることになります。

　　具体的には、登記申請書（後記資料1）を作成し、財産分与についての合意書（離婚給付等合意書で他の事項と併せて合意した場合は、その合意書）及び離婚の記載のある当事者の一方の戸籍謄本、登記権利者の住民票、登記義務者の印鑑証明書（発行から3か月以内のもの）、対象不動産の権利証（登記済証ないし登記識別情報）、固定資産税の評価証明書又は評価通知書、代理権限証明情報（司法書士に申請代理を依頼する場合の委任状）等を添付して、不動産所在地を管轄する法務局に申請します（登記原因証明情報については、合意書の代わりに後記資料2のような報告式のものでも足ります。）。また、登記申請時には、登録免許税（財産分与による所有権移転登記の場合は、対象不動産の申請年度の固定資産税評価額の千円未満の端数を切り捨てた金額に1,000分の20を乗じた金額について、百

円未満の端数を切り捨てた金額）を印紙台紙に収入印紙を貼付する方法か、
電子納付による方法で納める必要があります。

【資料1　共同申請による登記申請書例】

```
                  登 記 申 請 書
登記の目的　　所有権移転

原　　　因　　令和○年○月○日　財産分与

権 利 者　　（住所）　B

義 務 者　　（住所）　A

添 付 書 類　　登記原因証明情報（特例）

　　　　　　　　登記識別情報提供様式

　　　　　　　　住所証明情報（特例）

　　　　　　　　印鑑証明書（特例）

　　　　　　　　代理権限証明情報（特例）

令和○年○月○日申請　　○○法務局

代 理 人　　（住所）司法書士　甲

　　　　　　　　電話番号　　○○○－○○○○－○○○○

課 税 価 格　　金1，000万円

登録免許税　　金20万円

不動産の表示

　　　所　　　　　　在　　甲市甲町○番地

　　　家 屋 番 号　　○番

　　　種　　　　　類　　居宅

　　　構　　　　　造　　木造瓦葺2階建

　　　床 面 積　　1階　　○○．○○㎡

　　　　　　　　　　　　2階　　○○．○○㎡

　　　　　　　　　　価格　金1，000万円
```

【資料2　報告式登記原因証明情報例】

登記原因証明情報

１．登記申請情報の要項

　(1)　登記の目的　　　所有権移転

　(2)　登記の原因　　　令和○年○月○日　財産分与

　(3)　当　事　者　　　権利者　（住所）B

　　　　　　　　　　　　義務者　（住所）A

　(4)　不動産の表示　　後記のとおり

２．登記の原因となる事実又は法律行為

　(1)　協議離婚

　　　　BとAは、令和○年○月○日、協議により離婚した。

　(2)　財産分与

　　　　BとAは、令和○年○月○日、Aが、Bに対し、本件不動産を分与

　　する旨の協議を成立させた。

　(3)　よって、本件不動産の所有権は、同日、AからBに移転した。

令和○年○月○日　　○○法務局　御中

　上記の登記原因のとおり相違ありません。

　　　　（義務者）　　（住所）　　A　　㊞

不動産の表示

　　　　所　　　　在　　　甲市甲町○番地

　　　　家　屋　番　号　　○番

　　　　種　　　　類　　　居宅

　　　　構　　　　造　　　木造瓦葺2階建

　　　　床　面　積　　　　1階　　○○．○○㎡

　　　　　　　　　　　　　2階　　○○．○○㎡

【資料3 財産分与登記申請後の登記記録（甲区）例】

順位番号	登記の目的	受付年月日・受付番号	権利者その他の事項
○番	所有権移転	平成年月日受付第○号	原因　平成○○年○月○日売買 所有者（住所）A
△番	所有権移転	令和年月日受付第△号	原因　令和○年○月○日財産分与 所有者（住所）B

(2)　所有権登記名義人が住所を変更している場合

　　離婚の前に所有権登記名義人である配偶者が、家を出て行き、別居している場合等で、財産分与の登記を申請するときまでに、その配偶者が、現住所を変更していると、財産分与による所有権移転登記の前提として、その配偶者の単独申請により、登記上の住所から現住所への住所移転をしたことによる所有権登記名義人住所変更登記をする必要があります。

　　具体的には、登記申請書（後記資料1）、登記原因証明情報（登記記録上の住所から現住所までの住所の履歴がつながる住民票又は戸籍の附票等）、代理権限証明情報（司法書士に申請代理を依頼する場合の委任状）を添付して、不動産所在地を管轄する法務局に申請します（実務上は、この登記名義人住所変更登記を1件目、財産分与による所有権移転登記を2件目として連件申請をします。）。この登記申請に納める登録免許税は、不動産一個につき1,000円です（登録免許税法別表第1一（十四））。

【資料1　所有権登記名義人住所変更登記申請書例】

```
　　　　　　　　　登　記　申　請　書
登記の目的　　　　所有権登記名義人住所変更
原　　　因　　　　令和○年○月○日　住所移転
変更後の事項　　　住所　乙市乙町○番地
申　請　人　　　　乙市乙町○番地　A
添 付 書 類　　　　登記原因証明情報（特例）
　　　　　　　　　代理権限証明情報（特例）
```

令和○年○月○日申請　　○○法務局

代　理　人　　　（住所）司法書士　甲

　　　　　　　　　電話番号　○○○−○○○○−○○○○

登録免許税　　　金1,000円

不動産の表示

　　　　　　　　　　　　　（略）

【資料2　所有権登記名義人住所変更登記と財産分与による所有権移転登記後の登記記録（甲区）例】

順位番号	登記の目的	受付年月日・受付番号	権利者その他の事項
○番	所有権移転	平成年月日受付第○号	原因　　　平成○○年○月○日売買 所有者　甲市甲町○番地　　A
付記1号	○番登記名義人住所変更	令和年月日受付第50号	原因　令和○年○月○日住所移転 住所　乙市乙町○番地
△番	所有権移転	令和年月日受付第51号	原因　　令和○年○月○日財産分与 所有者（住所）B

2　単独申請による財産分与登記（判決による登記）

(1)　意　義

　　不動産の権利に関する登記（不動産登記法2条4号）は、原則的に、登記権利者及び登記義務者の共同申請により行います（不動産登記法60条）。離婚の財産分与の登記についても、例外ではなく、元夫婦の共同申請によることになります。しかし、不動産の所有権登記名義人である夫が、妻にその不動産を財産分与すると取り決めたにも関わらず、その旨の登記申請に協力しないこともあります。また、離婚の協議が当事者でスムーズにいかず、離婚調停を経て、夫名義の不動産を妻に財産分与するという取り決めがされた場合には、夫が、妻に名義を移転する手続に協力しないことも

想定されます。このようなケースに備え、不動産登記法63条1項は、登記義務者（登記権利者の場合もあります。）が、登記申請手続に協力しない場合は、登記権利者（登記義務者の場合もあります。）は、その者に対して登記手続をすべきことを命ずる確定判決を得ることで、単独で登記申請をすることができると定めています（ここにいう「判決」とは、一定内容の登記申請手続をすべきことを命じた給付判決であることを要します。）。

(2) 判決に準ずるもの

不動産登記法63条1項は、単独申請ができる場合として「判決」のみを規定していますが、次のア〜カは「判決に準ずるもの」とされ、それによって登記義務者（登記権利者の場合もあります。）の関与なく、登記権利者（登記義務者の場合もあります。）が単独で登記申請をすることができます。なお、公正証書は、「判決に準ずるもの」に該当しませんので、離婚給付等の合意書を公正証書によって作成し、その中で不動産の財産分与について規定したとしても、それをもって単独で登記申請することはできず、原則どおり、共同申請によることになります。

ア 和解調書

裁判上の和解調書（訴訟上の和解（民事訴訟法89条、265条）及び訴え提起前の和解（民事訴訟法275条）による和解調書）は、確定判決と同一の効力を有し、その内容に従って既判力、執行力を有します（民事訴訟法267条、民事執行法22条7号）。

イ 認諾調書

民事訴訟上、被告が原告の請求としての権利主張を肯定する陳述を請求の認諾といいます。被告が請求を認諾すると、原告の請求どおりに被告が敗訴する判決があったのと同じで、その訴訟は終了します。請求の認諾があったときは、裁判所書記官は認諾調書を作成します。認諾調書は、確定判決と同一の効力を有し、その内容に従って既判力、執行力を有します（民事訴訟法267条、民事執行法22条7号）。

ウ 調停調書

　民事調停が成立することで、裁判所書記官が作成する調停調書についても、その記載は、裁判上の和解と同一の効力を有します（民事調停法16条）。

　また、家事調停については、当事者間に合意が成立し、これを調書に記載したときは、調停が成立したものとし、その記載は、確定判決と同一の効力を有します（家事事件手続法268条1項）。

エ　家事審判書

　金銭の支払い、物の引渡し、登記義務の履行その他の給付を命ずる審判は、執行力のある債務名義と同一の効力を有します（家事事件手続法75条）。

　また、家庭裁判所は、調停が成立しない場合において相当と認めるときは、当事者双方のために衡平に考慮し、一切の事情を考慮して、職権で、事件の解決のため必要な審判（調停に代わる審判）をすることができます（家事事件手続法284条1項）。調停に代わる審判について、異議の申立てがないとき、又は異議の申立てを却下する審判が確定したときは、家事事件手続法別表第二に掲げる事項についての調停に代わる審判は、確定した家事審判と同一の効力を、その余の調停に代わる審判は確定判決と同一の効力を有します（家事事件手続法287条）。

オ　仲裁判断書

　当事者双方が、既に生じた民事上の紛争又は将来において生じる一定の法律関係（契約に基づくものであるかどうかを問わない。）に関する民事上の紛争の全部又は一部の解決を一人又は二人以上の仲裁人にゆだね、かつ、その判断（以下、「仲裁判断」という。）に服する旨の合意をすることを仲裁合意といいます（仲裁法2条1項）。この仲裁判断は、確定判決と同一の効力を有します（仲裁法45条1項）。

カ　外国判決

　外国裁判所の確定判決について、執行判決がされたときは、強制執行をすることができます（民事執行法24条、22条6号）。

(3)　**離婚調停調書による財産分与の登記**

　　離婚調停が成立したことにより、裁判所書記官が作成する調停調書は、前記2の(2)ウに該当しますので、財産分与によって不動産の所有権登記名義の移転を受けるとされた者は、単独で登記申請をすることができます。具体的には、登記申請書（後記資料1）、登記原因証明情報（調停調書正本（後記資料2）、調停調書から離婚日が判明しない場合は当事者の一方の離婚の記載のある戸籍謄本）、登記権利者の住民票、代理権限証明情報（司法書士に申請代理を依頼する場合の委任状）及び固定資産税の評価証明書又は評価通知書等を添付して、不動産所在地を管轄する法務局に申請します。登録免許税の額と納付方法は、前記1の(1)の共同申請による場合と同じです。

【資料1　単独申請による登記申請書例】

```
                    登 記 申 請 書
登記の目的　　　所有権移転
原　　　因　　　令和○年○月○日　財産分与
権　利　者　　　（住所）（申請人）　　F
義　務　者　　　（住所）　E
添 付 書 類　　　登記原因証明情報（特例）
　　　　　　　　住所証明情報（特例）
　　　　　　　　代理権限証明情報（特例）
令和○年○月○日申請　○○法務局
代　理　人　　　（住所）司法書士　甲
　　　　　　　　電話番号　○○○－○○○○－○○○○
課税価格　　　　金1,000万円
登録免許税　　　金20万円
不動産の表示
　　所　　　在　　　甲市甲町○番地
```

```
家 屋 番 号　　○番
種　　　　類　　居宅
構　　　　造　　木造瓦葺2階建
床 面 積　　1階　　○○．○○㎡
　　　　　　　2階　　○○．○○㎡
　　　　　　　　価格　金1,000万円
```

【資料2　登記原因証明情報である調停調書正本例】

家事調停官認印

調　停　（成　立）

事件の表示　　令和○年（家イ）第○○○○号　夫婦関係調整調停事件

期　　　日　　令和○年○月○日午後○時○○分

場 所 等　　○○家庭裁判所

家事調停官　　A

家事調停委員　B、C

裁判所書記官　D

当事者等及びその出頭状況

　　本籍　○○県○○市○○町○番地

　　住所　○○県○○市○○町○番地

　　　　申　立　人　　　　　E　　（出頭）

　　本籍　申立人に同じ

　　住所　○○県○○市△△町△番地

　　　　相　手　方　　　　　F　　（出頭）

　　　　同手続代理人弁護士　　　　G　　（出頭）

　　　　　　　　　手　続　の　要　領　等

　下記調停条項のとおり調停が成立した。

　　　　　　　　　　○○家庭裁判所

　　　　　　　　　　　裁判所書記官　D

調　停　条　項

1　申立人と相手方は、相手方の申出により、本日、調停離婚する。

2　申立人は、相手方に対し、本件離婚に伴う財産分与として、本日、別紙物件目録記載の建物（以下「本件不動産」という。）の所有権を分与する。

3　申立人は、相手方に対し、本件不動産について、前項の財産分与を原因とする所有権移転登記手続をする。登記手続費用は、相手方の負担とする。

4　申立人は、相手方に対し、前項記載の移転登記手続に協力する。

5　申立人は、本件不動産内に残置した動産については、その所有権を放棄し、相手方が処分することに異議はない。

6　当事者双方は、本件離婚に関し、以上をもって一解決したものとし、本調停条項に定めるほか、今後、互いに慰謝料、財産分与等名義のいかんを問わず、金銭その他一切の財産上の請求をしない。

7　調停費用は各自の負担とする。

以　上

（別紙）

物　件　目　録

1　所　　　　　在　　甲市甲町○番地

　　家　屋　番　号　　○番

　　種　　　　　類　　居宅

　　構　　　　　造　　木造瓦葺2階建

　　床　面　積　　1階　　○○．○○㎡

　　　　　　　　　　2階　　○○．○○㎡

以　上

```
これは正本である。


   令和○年○月○日


   ○○家庭裁判所


      裁判所書記官　D　　　㊞
```

(4)　代位申請による登記名義人住所変更登記

　　離婚の前に所有権登記名義人である配偶者が、家を出て行き、別居して
いる場合等で、財産分与の登記を申請するときまでに、その配偶者が、現
住所を変更していると、1の(2)と同様に、(1)の財産分与による所有権移転
登記の前提として、その配偶者について、登記上の住所から現住所への住
所移転をしたことによる所有権登記名義人住所変更登記をする必要があり
ます。

　　しかし、調停離婚・審判離婚・裁判離婚により離婚が成立した場合は、
当事者間に感情的なもつれがあり、本来、登記名義人住所変更登記を申請
すべき所有権登記名義人である配偶者が、その登記を申請しないこともあ
り得ます。

　　そこで、このような場合は、財産分与により不動産を取得する者からの

代位申請によって、その者から登記名義人住所変更登記を申請することになります。

(5)　代位申請の意義

　債権者は、自己の債権を保全するため必要があるときは、債務者に属する権利（以下、「被代位権利」という。）を行使することができます（民法423条1項本文）。財産分与の調停等によって、財産分与によって不動産を取得することになった者は、実体法上、他方配偶者から対象不動産の所有権を取得すると同時に、その配偶者に対して、所有権移転登記請求権を取得します。この権利を保全するために必要な範囲で、その配偶者の登記名義人住所変更登記を申請する権利を被代位権利として行使し、所有権登記名義人である他方配偶者に代位して、その登記を申請することができます。

　なお、代位申請の申請書には、代位原因を証する情報（調停調書正本等）を添付する必要があります。

【代位申請による住所変更登記例】

```
　　　　　　　　　　登　記　申　請　書
登記の目的　　　所有権登記名義人住所変更
原　　　因　　　令和○年○月○日　住所移転
変更後の事項　　住所　乙市乙町○番地
被 代 位 者　　　乙市乙町○番地　　E
代 位 者　　　　（住所）　　F
代 位 原 因　　　令和○年○月○日　財産分与による所有権移転登記請求権
添 付 書 類　　　登記原因証明情報（特例）
　　　　　　　　代理権限証明情報（特例）
　　　　　　　　代位原因証明情報（特例）
令和○年○月○日申請　　○○法務局
代 理 人　　　　（住所）司法書士　甲
```

電話番号　〇〇〇-〇〇〇〇-〇〇〇〇

登録免許税　　金1,000円

不動産の表示

所　　　　在		甲市甲町〇番地
家　屋　番　号		〇番
種　　　　類		居宅
構　　　　造		木造瓦葺2階建
床　面　積	1階	〇〇. 〇〇㎡
	2階	〇〇. 〇〇㎡

【所有権登記名義人住所変更登記と財産分与による所有権移転登記後の登記記録（甲区）例】

順位番号	登記の目的	受付年月日・受付番号	権利者その他の事項
〇番	所有権移転	平成年月日受付第〇号	原因　平成〇〇年〇月〇日売買 所有者　甲市甲町〇番地　　E
付記1号	〇番登記名義人住所変更	令和年月日受付第50号	原因　令和〇年〇月〇日住所移転 住所　乙市乙町〇番地 代位者（住所）F 代位原因　令和〇年〇月〇日財産分与による所有権移転登記請求権
△番	所有権移転	令和年月日受付第51号	原因　令和〇年〇月〇日財産分与 所有者（住所）F

⑹　**財産分与による所有権移転登記の申請と金銭の支払いの引換給付の場合**

　⑶において、調停調書による財産分与の所有権移転登記申請の仕方をみました。しかし、⑶での財産分与の定め方とは異なり、後記資料1のように、申立人の相手方に対する金銭の支払いと相手方の申立人に対する登記申請義務を引換給付とする内容の調停が成立した場合、その調停調書正本をそのまま添付情報として登記申請しても、登記官は、申立人の相手方に対する金銭の支払いが調書の内容のとおりなされたかどうかを判断するこ

とができません。

　そこで、申立人は、登記申請の前提として、登記官に、登記申請と反対給付になっている義務が履行されたことを証明するために、調停が成立した家庭裁判所に対して、調停調書正本に執行文の付与を受ける手続をすることになります。

　執行文は、債権者が反対給付又はその提供のあったことを証する文書を提出したときに限り、付与されます（民事執行法177条2項）。具体的には、登記を受ける申立人が、相手方が発行した領収書や、金融機関の預金口座から相手方に振込入金したことの判明する振込伝票等、相手方に金銭の支払いを行ったことを証明する資料の原本を、執行文付与申請書（後記資料2）、調停調書正本及び申請手数料300円分の収入印紙とともに、調停の成立した家庭裁判所に提出することによって、調停調書正本に裁判所書記官から執行文の付与を受けることになります。

　その執行文の付与を受けた調停調書正本が、財産分与の登記申請書の添付書類として提出されることで、登記官は反対給付の履行が行われたと判断できるため、調停調書正本の内容どおりの登記をすることができます。

【資料1　所有権移転登記義務と金銭の支払い義務を引換給付とした財産分与の調停条項例】

> 1　相手方は、申立人に対し、財産分与として、別紙物件目録記載の不動産を分与する。
>
> 2　申立人は、相手方に対し、次項記載の所有権移転登記手続をするのと引換えに、財産分与として300万円を、令和○年○月○日限り、相手方の指定する口座に振り込む方法により支払う。振込手数料は、申立人の負担とする。
>
> 3　相手方は、申立人に対し、前項の金員の支払いを受けるのと引換えに、第1項記載の不動産について、本日付けで財産分与を原因とする所有権

移転登記手続をする。登記手続費用は、申立人の負担とする。

【資料2　執行文付与申請書例】

令和○年（家イ）第○○号　夫婦関係調整事件

申立人（債権者）　　B

相手方（債務者）　　A

執行文付与申請書（単純執行文以外）

○○家庭裁判所　御中

令和○年○月○日

申立人　B　㊞

1　頭書事件について、調停調書の正本条項第3項に、債務者　A　に対する執行文1通を付与してください。

①　付与を求める執行文の種類（根拠条文：民事執行法）

　　177条2項（意思表示の擬制：引換）

②　事由

　　調停条項第2項に基づいて、令和○年○月○日、債権者は債務者に対し、金300万円を支払いました。よって、債務者に対し、調停条項第3項の登記手続を求めるため、執行文の付与を求めます。

③　添付書類

　　調停条項第2項により、債務者代理人に振込入金した際の振込伝票

受　領　書

上記申請にかかる書類を正に受領しました。

令和　　年　　月　　日

申請人　B　　㊞

○○家庭裁判所　御中

3　住宅ローン付不動産における仮登記の活用

(1)　仮登記の意義

　　仮登記とは、不動産登記法105条により、その仮登記に基づく本登記の順位を保全するためになされる登記のことです。仮登記に基づいて本登記（仮登記がされた後、これと同一の不動産についてされる同一の権利についての権利に関する登記であって、その不動産に係る登記記録に仮登記に基づく登記であることが記録されているものをいいます。以下同じ。）をした場合は、本登記の順位は、仮登記の順位によります（不動産登記法106条）。仮登記がなされてから、それが本登記になるまでの間になされた登記のうち、本登記の権利と併存できないもの（例えば、所有権移転仮登記後になされた所有権移転登記等）は、それと抵触する範囲で効力を失い、無効となります。なお、仮登記には民法177条による第三者対抗要件としての効力はありません。

(2)　仮登記の要件

　　仮登記には、不動産登記法105条１号による仮登記（以下、「１号仮登記」といいます。）及び同条２号による仮登記（以下、「２号仮登記」といいます。）があります。

　　１号仮登記は、不動産登記法３条各号に掲げる権利（所有権、地上権、永小作権、地役権、先取特権、質権、抵当権、賃借権、配偶者居住権、採石権）について保存、設定、移転、変更（以下、「保存等」といいます。）があった場合において、保存等に係る登記の申請をするために登記所に対し提供しなければならない情報であって、不動産登記法25条９号の申請情報と併せて提供しなければならないものとされているもののうち、①登記識別情報（若しくは登記済証）、又は②第三者の許可、同意若しくは承諾を証する情報を提供することができないときに申請することができます（不動産登記法105条１号、不動産登記規則178条）。

　　また、２号仮登記は、不動産登記法３条各号に掲げる権利（所有権、地

上権、永小作権、地役権、先取特権、質権、抵当権、賃借権、配偶者居住権、採石権）の設定、移転、変更又は消滅に関して請求権（始期付き又は停止条件付きのものその他将来確定することが見込まれるものを含む。）を保全しようとするときに申請することができます（不動産登記法105条2号）。

(3)　住宅ローン付不動産における仮登記の活用

　　前述のとおり、住宅ローン付の不動産の所有権登記名義人（例えば、夫）を金融機関の承諾なく移転変更すると、期限の利益喪失事由にあたるとして、残債額の一括返済を迫られるおそれがあります。妻が離婚後もその不動産において生活を継続することを望む場合は、住宅ローンの返済期間中は、妻にその不動産に居住し続けることのできる使用貸借権を与え、住宅ローンが完済されたことを条件に、財産分与として夫から妻に所有権が移転するという取り決めをすることになります。

　　しかし、住宅ローンの完済までには、長い期間を要することが多く、夫が第三者に不動産を譲渡したり、新たな法律上の権利の設定を受けたりする可能性もあります。そこで妻が、住宅ローンが完済されるまでのそのようなリスクに備えて、不動産に住宅ローンの完済を停止条件とした所有権移転登記の2号仮登記をすることが考えられます。仮登記には、民法177条に定める対抗要件がありませんが、登記上の順位を保全する効力があるので、万一、夫が完済までの間に、第三者に不動産を譲渡したり、新たな法律上の権利の設定を受けたりしても、完済後に仮登記を本登記にすることで、併存できないそれらの権利を無効にすることができます。

(4)　住宅ローン完済を停止条件とする所有権移転仮登記

ア　登記原因

　　住宅ローン完済時に所有権が移転するという停止条件付財産分与契約が締結された場合やそのような内容の調停調書等が作成された場合は、登記原因を「令和○年○月○日財産分与（条件　令和○年○月○日金銭消費貸借の債務完済）」とする停止条件付所有権移転仮登記をすること

ができます。

イ　判決による登記の可否

仮登記も、不動産登記法60条により、登記権利者と登記義務者の共同申請によることが原則とされています。なお、2号仮登記は、前述の判決や判決に準ずるものにより、登記権利者が単独申請することができます。そのため、登記申請をするにつき、登記義務者の協力が得られないときは、住宅ローン完済を停止条件とする所有権移転の仮登記手続をすることを合意している調停調書等により、登記権利者の単独申請で仮登記を行うことになります。

ウ　添付情報

2号仮登記の一般的な添付情報は、登記原因証明情報、登記義務者たる所有権登記名義人の印鑑証明書（発行から3か月以内のもの）及び代理権限証明情報（司法書士に申請代理をする委任状）及び固定資産税の評価証明書又は評価通知書等となります。

エ　登録免許税

所有権移転仮登記の登録免許税は、固定資産税の評価額について千円未満の端数を切り捨てた金額に、1,000分の10を乗じた金額について、百円未満の端数を切り捨てた金額となります（登録免許税法別表第1一(十二)　ロ(3)）。

【条件付所有権移転仮登記申請書例】

```
                登 記 申 請 書
登記の目的　　条件付所有権移転仮登記
原　　　因　　令和○年○月○日　財産分与
　　　　　　　（条件　令和○年○月○日金銭消費貸借の債務完済）
権　利　者　　（住所）　B
義　務　者　　（住所）　A
添 付 書 類　　登記原因証明情報（特例）
```

印鑑証明書（特例）

代理権限証明情報（特例）

令和○年○月○日申請　○○法務局

代　理　人　　（住所）司法書士　甲

　　　　　　　電話番号　○○○－○○○○－○○○○

課 税 価 格　　金１，０００万円

登録免許税　　金１０万円

不動産の表示

　　　　　　　　　　　　　（略）

【登記記録（甲区）例】

順位番号	登記の目的	受付年月日・受付番号	権利者その他の事項
○番	所有権移転	平成年月日受付第○号	原因　平成○○年○月○日売買 所有者（住所）A
△番	条件付所有権移転仮登記	令和年月日受付第○号	原因　令和○年○月○日財産分与 （条件　令和○年○月○日金銭消費貸借の債務完済） 権利者（住所）B
	余　白	余　白	余　白

(5)　**住宅ローン完済による仮登記の本登記**

　　住宅ローン完済を停止条件とする所有権移転仮登記は、住宅ローンが完済されたことによって条件が成就し、その仮登記に基づく本登記をすることになります。

　ア　登記原因

　　登記原因は、「令和○年○月○日財産分与」となり、日付は、住宅ローンが完済された日となります。

　イ　判決による登記の可否

　　仮登記に基づく本登記も、不動産登記法60条により、登記権利者と登

記義務者の共同申請によることが原則とされています。なお、登記義務者が本登記の手続に協力しない場合は、前述の判決や判決に準ずるものにより、登記権利者が単独申請することができます。そのため、登記申請をするにつき、登記義務者の協力が得られないときは、仮登記に基づく本登記申請をすることを合意している調停調書等により、その登記を登記権利者の単独申請で行うことになります。

ウ　添付情報

　　仮登記に基づく本登記の一般的な添付情報は、登記原因証明情報、対象不動産の権利証（登記済証ないし登記識別情報）、登記義務者たる所有権登記名義人の印鑑証明書（発行から3か月以内のもの）、登記権利者の住所証明情報、代理権限証明情報（司法書士に申請代理をする委任状）、承諾書（登記上の利害関係人があるときに、印鑑証明書付のものを添付）及び固定資産税の評価証明書又は評価通知書等となります。

エ　登録免許税

　　所有権移転仮登記の本登記における登録免許税は、固定資産税の評価額について千円未満の端数を切り捨てた金額に、1,000分の10を乗じた金額について、百円未満の端数を切り捨てた金額となります（登録免許税法17条1項）。

【仮登記の所有権移転本登記申請書例】

```
                　登　記　申　請　書
登記の目的　　　△番仮登記の所有権移転本登記
原　　　因　　　令和○年○月○日　財産分与
権　利　者　　　（住所）　B
義　務　者　　　（住所）　A
添 付 書 類　　　登記原因証明情報（特例）
　　　　　　　　　登記識別情報提供様式
```

　　　　　　　印鑑証明書（特例）

　　　　　　　住所証明情報（特例）

　　　　　　　代理権限証明情報（特例）

　令和○年○月○日申請　○○法務局

　代　理　人　　（住所）司法書士　甲

　　　　　　　電話番号　○○○－○○○○－○○○○

　課 税 価 格　　金１，０００万円

　登録免許税　　金１０万円

　不動産の表示

　　　　　　　　　　　　（略）

【登記記録（甲区）例】

順位番号	登記の目的	受付年月日・受付番号	権利者その他の事項
○番	所有権移転	平成年月日受付第○	原因　平成○○年○月○日売買 所有者（住所）A
△番	条件付所有権移転仮登記	令和年月日受付第○号	原因　令和○年○月○日財産分与 （条件　令和○年○月○日金銭消費貸借の債務完済） 権利者（住所）B
	所有権移転	令和年月日受付第○号	原因　令和○年○月○日財産分与 所有者（住所）B

⑹　住宅ローンの完済による抵当権の抹消登記

　　住宅ローンの完済によって、それを被担保債権として不動産に設定された抵当権が実体法上消滅します。そのため、停止条件付の財産分与により⑸の仮登記の本登記を申請する前提として、抵当権の抹消登記を申請することになります。その際、甲区の△番で条件付所有権仮登記がなされていても、抹消登記の申請人は、原則的に抵当権が設定されている不動産の所有権登記名義人であるA等を登記権利者、抵当権者（乙区記載の抵当権登

記名義人）である金融機関を登記義務者として申請することになります。

　　その際の一般的な添付書類は、登記原因証明情報（弁済証書、解除証書等）、抹消する抵当権の権利証（登記済証ないし登記識別情報）及び代理権限証明情報（司法書士に申請代理をする委任状）となります。また登録免許税は、不動産一個につき1,000円です（登録免許税法別表第1一（十五））。

【抵当権抹消申請書例】

登記申請書

登記の目的　　　□番抵当権抹消

原　　　因　　　令和○年○月○日　弁済

権　利　者　　　（住所）　　　　　A　←建物の所有権登記名義人

　　　　　　　　（住所）　　　　　B　←土地の所有権登記名義人

義　務　者　　　（本店所在地）○○銀行

　　　　　　　　　　　　　　代表取締役　　○○

　　　　　　　　（会社法人等番号　○○○○－○○－○○○○○○）

添　付　書　類　　登記原因証明情報（特例）

　　　　　　　　登記識別情報提供様式

　　　　　　　　代理権限証明情報（特例）

　　　　　　　　会社法人等番号

令和○年○月○日申請　　○○法務局

代　理　人　　　（住所）司法書士　甲

　　　　　　　　電話番号　○○○－○○○○－○○○○

登録免許税　　　金2,000円

不動産の表示

（略）

【登記記録（乙区）例】

順位番号	登記の目的	受付年月日・受付番号	権利者その他の事項
□番	抵当権設定	平成年月日受付第○号	原因　平成○○年○月○日金銭消費貸借同日設定 債権額　金○○○○万円 利息　　年○％ 損害金　年○％ 債務者　（住所）A 抵当権者　（本店所在地）○○銀行 　　　　　（取扱店　○○支店） 共同担保目録　目録（○）第○○号
▽番	□番抵当権抹消	令和年月日受付第○号	原因　令和○年○月○日弁済

最 後 に

　本書においては、離婚の実務についてのイメージを掴んでいただくため、離婚制度の基本構造を簡潔に解説した上で、合意書・各調停調書申立書・登記申請書の書式を多く掲載することを心掛けました。

　離婚については、円満に協議をすることができれば、合意書を作成することで後日の紛争をある程度予防することができます。しかし、「何を基準にどこまで取り決めるべきかわからない」と、話し合いが進まずお困りの方も多くいらっしゃると思います。そのような場合は、円満に話し合いができる状況であったとしても、家事調停を利用し、その中で合意を成立させていくということも選択肢の一つといえます。

　本書にて紹介したように離婚の場面では様々な事件類型の家事調停があるので、「話し合いの場」として気軽に各種調停の利用を検討していただければと思います。

　また、本書においては、住宅ローン付不動産が財産分与の対象になっている場合の不動産登記申請の方法について、1つの指針を示しました。個別事情を考慮した上で、利用の可否を検討していただければと思います。

　本書が、法律専門職や研究者に限らず、一般の方にとっても離婚実務の理解のお役に立つものとなれば幸いです。

〈参考文献リスト〉

青山修『仮登記の実務』(補訂版、新日本法規、2015年)

秋武憲一『離婚調停』(第4版、日本加除出版、2021年)

新井克美『判決による不動産登記の理論と実務』(テイハン、2009年)

梶村太市・石田賢一・石井久美子(編)『家事事件手続書式体系〈2〉』(青林書院、2018年)

窪田充見『家族法 —民法を学ぶ』(第4版、有斐閣、2019年)

小磯治『夫婦関係調停条項作成マニュアル—文例・判例と執行までの実務』(第6版、民事法研究会、2016年)

二宮周平『家族法(新法学ライブラリー)』(新世社、2018年)

二宮周平・榊原富士子『離婚判例ガイド』(第3版、有斐閣、2015年)

日本公証人連合会(著)『新版 証書の作成と文例 家事関係編』(立花書房、2017年)

日本司法書士会連合会(編)『離婚調停・遺産分割調停の実務—書類作成による当事者支援』(民事法研究会、2015年)

巻末資料

資料1　子の氏の変更許可申立書例（15歳以上）

東京家庭裁判所HPより

<table>
<tr><td rowspan="3">受付印</td><td colspan="2">**子 の 氏 の 変 更 許 可 申 立 書**</td></tr>
<tr><td colspan="2">（この欄に申立人1人について収入印紙800円分を貼ってください。）</td></tr>
<tr><td>収 入 印 紙　　　円
予納郵便切手　　　円</td><td>（貼った印紙に押印しないでください。）</td></tr>
</table>

準口頭		関連事件番号　平成・令和　　　年（家　　）第　　　　　号

東 京 家庭裁判所 御中 令和 〇〇 年 〇 月 〇 日	申 立 人 〔15歳未満の場合 は法定代理人〕 の 記 名 押 印	甲 野 太 郎　　㊞

添付書類	（同じ書類は1通で足ります。審理のために必要な場合は追加書類の提出をお願いすることがあります。） ☐申立人（子）の戸籍謄本（全部事項証明書）☐父・母の戸籍謄本（全部事項証明書） ☐

<table>
<tr><td rowspan="6">申

立

人

（子）</td><td>本　籍</td><td colspan="2">〇〇 都 道
府 県　　〇〇市〇〇町〇丁目〇〇番地</td></tr>
<tr><td>住　所</td><td colspan="2">〒 〇〇〇-〇〇〇〇　　　　　　　　　電話　（　　　）
東京都〇〇区×××〇丁目〇〇番〇〇号　〇〇アパート〇号
（　　　　方）</td></tr>
<tr><td>フリガナ
氏　名</td><td>コウノ　タロウ
甲 野　太 郎</td><td>昭和
平成　〇〇年 〇 月 〇 日生
令和　（　〇〇　歳）</td></tr>
<tr><td>本　籍
住　所</td><td colspan="2">※　上記申立人と同じ</td></tr>
<tr><td>フリガナ
氏　名</td><td></td><td>昭和
平成　　　年　　月　　日生
令和　（　　　歳）</td></tr>
<tr><td>本　籍
住　所</td><td colspan="2">※　上記申立人と同じ</td></tr>
</table>

	フリガナ 氏　名		昭和 平成　　年　　月　　日生 令和　（　　　歳）

☆法 定 代 理 人 （父 後 見 母 人）	本　籍	都 道 府 県	
	住　所	〒　　-　　　　　　　　電話（　　　） （　　　　方）	
	フリガナ 氏　名	フリガナ 氏　名	

（注）太枠の中だけ記入してください。　※の部分は，各申立人の本籍及び住所が異なる場合はそれぞれ記入してください。　☆の部分は，申立人が15歳未満の場合に記入してください。

子の氏（1／2）

資料1　子の氏の変更許可申立書例（15歳以上）

```
┌─────────────────────────────────────────────────────────┐
│            申　立　て　の　趣　旨                         │
├─────────────────────────────────────────────────────────┤
│ ※                                                        │
│                    ①母                                   │
│ 申立人の氏（ 甲 野 ）を 2 父 の氏（ 乙 野 ）に変更することの許可を求める。│
│                    3 父母                                 │
└─────────────────────────────────────────────────────────┘
```

```
┌─────────────────────────────────────────────────────────┐
│            申　立　て　の　理　由                         │
├─────────────────────────────────────────────────────────┤
│            父・母と氏を異にする理由                       │
├─────────────────────────────────────────────────────────┤
│ ※                                                        │
│ ① 父 母 の 離 婚        5 父 の 認 知                     │
│ 2 父 ・ 母 の 婚 姻      6 父（母）死亡後，母（父）の復氏   │
│ 3 父 ・ 母 の 養 子 縁 組  7 その他（          ）          │
│ 4 父 ・ 母 の 養 子 離 縁                                 │
│                                                          │
│        （その年月日　平成・令和　○○年　○○月　○○日）   │
├─────────────────────────────────────────────────────────┤
│            申　立　て　の　動　機                         │
├─────────────────────────────────────────────────────────┤
│ ※                                                        │
│ ① 母との同居生活上の支障    5 結　　婚                    │
│ 2 父との同居生活上の支障    6 その他                      │
│ 3 入園 ・ 入学          ┌─────────────────┐             │
│ 4 就　　職             │                 │             │
│                       └─────────────────┘             │
└─────────────────────────────────────────────────────────┘
```

(注) 太枠の中だけ記入してください。　※の部分は，当てはまる番号を○で囲み，父・母と氏を異に
　　する理由の7，申立ての動機の6を選んだ場合には，（　　　　）内に具体的に記入してください。

子の氏（2／2）

資料2　子の氏の変更許可申立書例（15歳未満）

東京家庭裁判所HPより

<table>
<tr><td rowspan="3">受付印</td><td colspan="2" style="text-align:center">子 の 氏 の 変 更 許 可 申 立 書</td></tr>
<tr><td colspan="2">（この欄に申立人1人について収入印紙800円分を貼ってください。）</td></tr>
<tr><td colspan="2"></td></tr>
</table>

| 収入印紙 | 円 |
| 予納郵便切手 | 円 |

（貼った印紙に押印しないでください。）

| 準口頭 | | 関連事件番号　平成・令和　　年（家　）第　　　　　　号 |

東 京 家庭裁判所 　　　　　御中 令和 ○○ 年 ○ 月 ○ 日	申　立　人 15歳未満の場合 は法定代理人 の 記 名 押 印	乙野太郎・次郎の法定代理人 　　甲 野　花 子　　㊞

| 添付書類 | （同じ書類は1通で足ります。審理のために必要な場合は追加書類の提出をお願いすることがあります。）
□申立人（子）の戸籍謄本（全部事項証明書）□父・母の戸籍謄本（全部事項証明書）
□ |

<table>
<tr>
<td rowspan="11">申

立

人

（子）</td>
<td>本　籍</td>
<td>○○ 都道府県　　○○市○○町○丁目○○番地</td>
</tr>
<tr>
<td>住　所</td>
<td>〒 ○○○-○○○○　　　　　　　　　　電話　（　　）
東京都○○区×××○丁目○○番○○号　○○アパート○号
（　　　　方）</td>
</tr>
<tr>
<td>フリガナ
氏　名</td>
<td>オ ツ ノ　　　タ ロ ウ
乙 野　　太 郎　　｜昭和・(平成)・令和 ○○年 ○ 月 ○ 日生（ ○ 歳）</td>
</tr>
<tr>
<td>本　籍
住　所</td>
<td>※ 上記申立人と同じ</td>
</tr>
<tr>
<td>フリガナ
氏　名</td>
<td>オ ツ ノ　　　ジ ロ ウ
乙 野　　次 郎　　｜昭和・(平成)・令和 ○○年 ○ 月 ○ 日生（ 　 歳）</td>
</tr>
<tr>
<td>本　籍
住　所</td>
<td>※ 上記申立人と同じ</td>
</tr>
<tr>
<td>フリガナ
氏　名</td>
<td>　　　　　　　　　　　　　　　｜昭和・平成・令和 　年 　月 　日生（ 　 歳）</td>
</tr>
</table>

☆法定代理人 父後 　見 母人	本　籍	○○ 都道府県　　△△市○○町○丁目○○番地
	住　所	〒 　-　　　　　　　　　　　電話 ○○（○○○○）○○○○ 上記申立人らと同じ　　　　　　　　　（　　　方）
	フリガナ 氏　名	コ ウ ノ　　ハ ナ コ 甲 野　花 子	フリガナ 氏　名	

（注）太枠の中だけ記入してください。　　※の部分は，各申立人の本籍及び住所が異なる場合にはそれぞれ記入してください。　　☆の部分は，申立人が15歳未満の場合に記入してください。

子の氏（1／2）

```
┌─────────────────────────────────────────────────────┐
│              申　立　て　の　趣　旨                    │
├─────────────────────────────────────────────────────┤
│ ※                                                     │
│                    ①　母                              │
│ 申立人の氏（ 乙 野 ）を 2　父　の氏（ 甲 野 ）に変更することの許可を求める。 │
│                    3　父母                             │
└─────────────────────────────────────────────────────┘
```

```
┌─────────────────────────────────────────────────────┐
│              申　立　て　の　理　由                    │
├─────────────────────────────────────────────────────┤
│              父・母と氏を異にする理由                  │
├─────────────────────────────────────────────────────┤
│ ※                                                     │
│  ①　父 母 の 離 婚        5　父 の 認 知               │
│  2　父・母の婚姻          6　父（母）死亡後，母（父）の復氏 │
│  3　父・母の養子縁組      7　その他（              ）  │
│  4　父・母の養子離縁                                   │
│                                                       │
│         （その年月日　平成・令和　○○年　○○月　○○日） │
├─────────────────────────────────────────────────────┤
│              申　立　て　の　動　機                    │
├─────────────────────────────────────────────────────┤
│ ※                                                     │
│  ①　母との同居生活上の支障    5　結　　婚             │
│  2　父との同居生活上の支障    6　その他               │
│  3　入園・入学            ┌                    ┐      │
│  4　就　　職             └                    ┘      │
└─────────────────────────────────────────────────────┘
```

(注) 太枠の中だけ記入してください。　※の部分は，当てはまる番号を○で囲み，父・母と氏を異に
　　する理由の7，申立ての動機の6を選んだ場合には，（　　　　　　）内に具体的に記入してください。

子の氏（2／2）

資料3　離婚の場合における祭祀財産の所有権の承継指定を求める調停申立書例

<table>
<tr><td rowspan="3">受付印</td><td>☑　調停</td></tr>
<tr><td>家事　　　申立書　事件名（祭祀財産承継者指定）</td></tr>
<tr><td>□　審判</td></tr>
</table>

（この欄に申立て1件あたり収入印紙1,200円分を貼ってください。）

印
紙

（貼った印紙に押印しないでください。）

| 収入印紙 | 円 |
| 予納郵便切手 | 円 |

| 東　京　家庭裁判所
御中
令和　〇〇年　〇　月　〇　日 | 申　　立　　人
（又は法定代理人など）
の記名押印 | 甲　野　花　子　　㊞ |

| 添付書類 | （審理のために必要な場合は，追加書類の提出をお願いすることがあります。）
申立人の戸籍謄本（全部事項証明書）1通　相手方の戸籍謄本（全部事項証明書）1通
被相続人の戸籍謄本（全部事項証明書）〇通
不動産登記事項証明書（墳墓地について） | 準　口　頭 |

申 立 人	本　籍 （国　籍）	（戸籍の添付が必要とされていない申立ての場合は，記入する必要はありません。） 　都　道 〇〇　府　㊅　〇〇市〇町〇番地
	住　所	〒　〇〇〇　－　〇〇〇〇 東京都　〇〇　区　×××　〇丁目〇番〇号　ハイツ〇〇　〇〇〇　号 （　〇〇〇　方）
	フリガナ 氏　名	コ ウ ノ　　ハ ナ コ 甲　野　花　子	昭和 平成　〇　年　〇　月　〇　日生 （　　〇〇　　歳）

相 手 方	本　籍 （国　籍）	（戸籍の添付が必要とされていない申立ての場合は，記入する必要はありません。） 　都　道 〇〇　府　㊅　△△市〇町〇番地
	住　所	〒　〇〇〇　－　〇〇〇〇 東京都　〇〇　区　×××　〇丁目〇番〇号　〇〇アパート　〇〇　号 （　　　方）
	フリガナ 氏　名	コ ウ ノ　　タ ロ ウ 甲　野　太　郎	昭和 平成　〇　年　〇　月　〇　日生 （　　〇〇　　歳）

（注）太枠の中だけ記入してください。

（1／1）

申　　立　　て　　の　　趣　　旨
被相続人亡○○の祭祀財産（系譜, 祭具, 墳墓, 仏壇）の承継者を指定する調停を求めます。

申　　立　　て　　の　　理　　由
1　申立人は, 被相続人亡○○の養子ですが, 被相続人は平成○○年○月○日に死亡しました。
2　被相続人の相続人としては, 申立人と, 被相続人の長男であり, 申立人の配偶者である相手方のみです。
3　申立人は, 被相続人から祭祀財産の承継者に指定されましたが, 申立人と相手方は近く離婚することになり, 相手方とも協議ができています。
4　相手方は, 祭祀財産の承継者となることを拒否しており, 話し合いが進展しないためこの申立てをします。

(2／2)

資料4　内縁関係解消調停申立書例

受付印	**夫婦関係等調整調停申立書　事件名（内縁関係解消　）**
	（この欄に申立て1件あたり収入印紙1，200円分を貼ってください。）

	印　紙	

（貼った印紙に押印しないでください。）

収入印紙	円
予納郵便切手	円

東　京 家庭裁判所 御 中 令和 ○ 年 ○ 月 ○ 日	申　立　人 （又は法定代理人など） の記名押印	**甲　野　花　子** ㊞	準 口 頭

添付書類	（審理のために必要な場合は，追加書類の提出をお願いすることがあります。） □ 戸籍謄本（全部事項証明書）（内縁関係に関する申立ての場合は不要） □ （年金分割の申立てが含まれている場合）年金分割のための情報通知書 □

申 立 人	本　籍 （国　籍）	（内縁関係に関する申立ての場合は，記入する必要はありません。）　　都 道 府 県
	住　所	〒 ○○○ － ○○○○ **東京都 ○○ 区 ××× ○丁目○番○号 ハイツ○○　○○○ 号** （ ○○○ 方）
	フリガナ 氏　名	コウノ ハナコ **甲　野　花　子**	昭和 平成 ○ 年 ○ 月 ○ 日生 （　○○　歳）

相 手 方	本　籍 （国　籍）	（内縁関係に関する申立ての場合は，記入する必要はありません。）　　都 道 府 県
	住　所	〒 ○○○ － ○○○○ **東京都 ○○ 区 ××× ○丁目○番○号 ○○アパート ○○ 号** （ 方）
	フリガナ 氏　名	オツノ タロウ **乙　野　太　郎**	昭和 平成 ○ 年 ○ 月 ○ 日生 （　○○　歳）

対 象 と な る 子	住　所	□ 申立人と同居 ／ □ 相手方と同居 □ その他（　　　　　　　　　　　）	平成 令和 年 月 日生 （ 歳）
	フリガナ 氏　名		
	住　所	□ 申立人と同居 ／ □ 相手方と同居 □ その他（　　　　　　　　　　　）	平成 令和 年 月 日生 （ 歳）
	フリガナ 氏　名		
	住　所	□ 申立人と同居 ／ □ 相手方と同居 □ その他（　　　　　　　　　　　）	平成 令和 年 月 日生 （ 歳）
	フリガナ 氏　名		

（注）太枠の中だけ記入してください。対象となる子は，付随申立ての(1)，(2)又は(3)を選択したときのみ記入してください。□の部分は，該当するものにチェックしてください。

(1/2)

※　申立ての趣旨は，当てはまる番号（1又は2，付随申立てについては(1)〜(7)）を○で囲んでください。
　　□の部分は，該当するものにチェックしてください。
☆　付随申立て(6)を選択したときは，年金分割のための情報通知書の写しをとり，別紙として添付してください（その写しも
　　相手方に送付されます。）。

申　　立　　て　　の　　趣　　旨	
円　満　調　整	関　係　解　消
※ 1　申立人と相手方間の婚姻関係を円満に調整する。 2　申立人と相手方間の内縁関係を円満に調整する。	※ 1　申立人と相手方は離婚する。 ②　申立人と相手方は内縁関係を解消する。 （付随申立て） (1)　未成年の子の親権者を次のように定める。 　　…………………………………………については父。 　　…………………………………………については母。 (2)　（□申立人／□相手方）と未成年の子………… 　　が面会交流する時期，方法などにつき定める。 (3)　（□申立人／□相手方）は，子………………の養育費 　　として，1人当たり毎月（□金…………円　／ 　　□相当額）を支払う。 ④　相手方は，申立人に財産分与として， 　　（□金…………円　／　☑相当額　）を支払う。 (5)　相手方は，申立人に慰謝料として， 　　（□金…………円　／　□相当額　）を支払う。 (6)　申立人と相手方との間の別紙年金分割のための情報 　　通知書（☆）記載の情報に係る年金分割についての請求 　　すべき按分割合を， 　　（□0．5　／　□（…………………））と定める。 (7)

申　　立　　て　　の　　理　　由							
同居・別居の時期							

同居を始めた日……昭和／平成／令和　○○　年　○○月○○日　　　別居をした日……平成／令和　○○　年　○○月○○日

申　　立　　て　　の　　動　　機

※　当てはまる番号を○で囲み，そのうち最も重要と思うものに◎を付けてください。

① 性格があわない	2 異 性 関 係	3 暴力をふるう	④ 酒を飲みすぎる
5 性的不調和	6 浪費する	7 病　気	
8 精神的に虐待する	9 家族をすててかえりみない	10 家族と折合いが悪い	
11 同居に応じない	12 生活費を渡さない	13 そ の 他	

資料5 内縁関係解消による財産分与調停申立書例

	受付印		☑ 調停
		家事	申立書　事件名（　財産分与　）
			☐ 審判

（この欄に申立て1件あたり収入印紙1,200円分を貼ってください。）

```
印
紙
```

（貼った印紙に押印しないでください。）

収入印紙	円
予納郵便切手	円

東 京 家庭裁判所 御中 令和 〇〇年 〇 月 〇 日	申 立 人 （又は法定代理人など） の 記 名 押 印	甲 野 花 子 ㊞

添付書類	（審理のために必要な場合は，追加書類の提出をお願いすることがあります。）	準 ☐ 頭

申 立 人	本　籍 （国　籍）	（戸籍の添付が必要とされていない申立ての場合は，記入する必要はありません。） 　　　　　都 道 　　　　　府 県	
	住　所	〒 〇〇〇 － 〇〇〇〇 東京都 〇〇 区 ××× 〇丁目〇番〇号 ハイツ〇〇　〇〇〇 号 　　　　　　　　　　　　　　（ 〇〇〇　方）	
	フリガナ 氏　名	コ ウ ノ　ハ ナ コ 甲　野　花　子	昭和 平成 〇 年〇 月〇 日生 （　　〇〇　　歳）
相 手 方	本　籍 （国　籍）	（戸籍の添付が必要とされていない申立ての場合は，記入する必要はありません。） 　　　　　都 道 　　　　　府 県	
	住　所	〒 〇〇〇 － 〇〇〇〇 東京都 〇〇 区 ××× 〇丁目〇番〇号　〇〇アパート 〇〇 号 　　　　　　　　　　　　　　（　　　　方）	
	フリガナ 氏　名	オ ツ カ ワ　タ ロ ウ 乙　川　太　郎	昭和 平成 〇 年〇 月〇 日生 （　　〇〇　　歳）

（注）太枠の中だけ記入してください。

（1／2）

申　立　て　の　趣　旨
相手方は申立人に対し，財産分与として相当額を支払うとの調停を求めます。

申　立　て　の　理　由
1　申立人と相手方は，平成〇〇年〇月〇日から内縁関係に入り，同居を続けてきました が，令和〇年〇月〇日，双方の合意により内縁関係を解消しました。
2　内縁関係開始からの共有財産は，現金と預貯金が３００万円程ですが，相手方は財産分与の話し合いに応じてくれません。
3　このままの状況では，話し合いが進展しないため，この申立てをします。

(2 / 2)

資料6　養育費・婚姻費用算定表

東京家庭裁判所HPより

養育費・婚姻費用算定表について

○　この説明書は，平成３０年度司法研究の研究員が研究結果を踏まえ，作成したものです。

1　算定表の種類

〈養育費〉

　子の人数（１～３人）と年齢（０～１４歳と１５歳以上の２区分)に応じて表１～９に分かれています。

〈婚姻費用〉

　夫婦のみの場合並びに子の人数（１～３人）及び年齢（０～１４歳と１５歳以上の２区分)に応じて表１０～１９に分かれています。

2　算定表の使用手順

　ア　どの表も，縦軸は養育費又は婚姻費用を支払う側（義務者）の年収，横軸は支払を受ける側（権利者：未成年の子がいる場合には，子を引き取って育てている親)の年収を示しています。縦軸の左欄と横軸の下欄の年収は，給与所得者の年収を，縦軸の右欄と横軸の上欄の年収は，自営業者の年収を示しています。

　イ　年収の求め方

　　義務者と権利者の年収を求めます。

　　①　給与所得者の場合

　　　源泉徴収票の「支払金額」(控除されていない金額)が年収に当たります。なお，給与明細書による場合には，それが特定の月の月額にすぎず，歩合給が多い場合などにはその変動が大きく，賞与・一時金が含まれていないことに留意する必要があります。

　　　他に確定申告していない収入がある場合には，その収入額を支払

金額に加算して給与所得として計算してください。

　② 自営業者の場合

　　確定申告書の「課税される所得金額」が年収に当たります。なお「課税される所得金額」は，税法上，種々の観点から控除がされた結果であり，実際に支出されていない費用(例えば，基礎控除，青色申告控除，支払がされていない専従者給与など)を「課税される所得金額」に加算して年収を定めることになります。

　③ 児童扶養手当等について

　　児童扶養手当や児童手当は子のための社会保障給付ですから，権利者の年収に含める必要はありません。

ウ　子の人数と年齢に従って使用する表を選択し，その表の権利者及び義務者の収入欄を給与所得者か自営業者かの区別に従って選び出します。縦軸で義務者の年収額を探し，そこから右方向に線をのばし，横軸で権利者の年収額を探して上に線をのばします。この二つの線が交差する欄の金額が，義務者が負担すべき養育費の標準的な月額を示しています。

　　養育費の表は，養育費の額を養育費を支払う親の年収額が少ない場合は1万円，それ以外の場合は2万円の幅をもたせてあります。婚姻費用の表は，分担額を1万円から2万円の幅をもたせてあります。

3　子1人当たりの額の求め方

　　子が複数の場合，それぞれの子ごとに養育費額を求めることができます。それは，算定表上の養育費額を，子の指数(親を100とした場合の子に充てられるべき生活費の割合で，統計数値等から標準化したものです。子の指数は0〜14歳の場合には62，15歳以上の場合には85となっております。)で按分することで求めることが考えられます。

例えば，子が２人おり，１人の子が１０歳，もう１人の子が１５歳の場合において，養育費の全額が５万円の場合には，１０歳の子について２万円（５万円 ×62÷（62＋85）），１５歳の子について３万円（５万円×85÷（62＋85））となると考えられます。

4　使用例

〈養育費〉

　権利者が７歳と１０歳の子を養育しており，単身の義務者に対して子の養育費を求める場合の例について説明します。

・　権利者は給与所得者であり，前年度の源泉徴収票上の支払金額は，２０２万８０００円でした。

・　義務者は給与所得者であり，前年度の源泉徴収票上の支払金額は，７１５万２０００円でした。

ア　権利者の子は，２人で７歳と１０歳ですから，養育費の９枚の表の中から，表3「子2人表（第１子及び第２子０〜１４歳）」を選択します。

イ　権利者の年収。表の横軸上の「給与」の欄には「２００」と「２２５」がありますが，権利者の年収が「２００」に近いことから，「２００」を基準にします。

ウ　義務者の年収。表の縦軸上の「給与」の欄には「７００」と「７２５」がありますが，義務者の年収が「７２５」に近いことから，「７２５」を基準にします。

エ　横軸の「２００」の欄を上にのばした線と，縦軸の「７２５」の欄を右にのばした線の交差する欄は「１０〜１２万円」の枠内となっています。

オ　標準的な養育費はこの額の枠内となります。

カ　仮に養育費を１０万円とした場合には，子１人当たりの額は，子

　　　　２人の年齢がいずれも０から１４歳であるので，指数は６２であり

　　　同じですから，２分の１の各５万円となります。

〈婚姻費用〉

　　権利者が，別居した義務者に対して婚姻費用を求める場合の例につ

　いて説明します。

・　権利者は給与所得者であり，前年度の源泉徴収票上の支払金額は，

　２４３万３４５２円でした。

・　義務者は給与所得者であり，前年度の源泉徴収票上の支払金額は，

　７３９万４９５８円でした。

ア　権利者には子がいないので，婚姻費用の表の中から，表１０「婚姻

　　費用・夫婦のみの表」を選択します。

イ　権利者の年収。表の横軸上の「給与」の欄には「２２５」と「２５

　　０」がありますが，「２５０」に近いことから，「２５０」を基準に

　　します。

ウ　義務者の年収。表の縦軸上の「給与」の欄には「７２５」と「７５

　　０」がありますが，「７５０」に近いことから，「７５０」を基準に

　　します。

エ　横軸の「２５０」の欄を上にのばした線と，縦軸の「７５０」の欄

　　を右横にのばした線の交点は，「８～１０万円」の枠内となっていま

　　す。

オ　標準的な婚姻費用はこの額の枠内となります。

※　この算定表は，あくまで標準的な養育費及び婚姻費用を簡易迅速に算定するこ

　とを目的としています。最終的な金額については，いろいろな事情を考慮して定

　まることになります。したがって，裁判所においてこの算定表が活用される場合

　にも，裁判所の最終的な金額についての判断がこの算定表に示された金額と常に

一致するわけではありませんし，当事者間の合意でも，いろいろな事情を考慮して最終的な金額を定めることが考えられます。

　ただし，いろいろな事情といっても，通常の範囲のものは標準化するに当たって算定表の金額の幅の中で既に考慮されていますので，この幅を超えるような金額の算定を要するのは，算定表によることが著しく不公平となるような特別な事情がある場合に限られることになると考えられます。

（表１）養育費・子１人表（子０〜14歳）

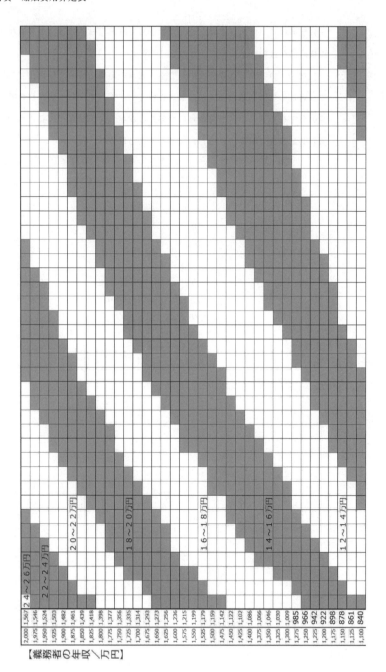

【義務者の年収／万円】		
2,000	1,567	24〜26万円
1,975	1,546	22〜24万円
1,950	1,524	
1,925	1,503	
1,900	1,482	
1,875	1,461	20〜22万円
1,850	1,439	
1,825	1,418	
1,800	1,398	
1,775	1,377	
1,750	1,356	
1,725	1,335	18〜20万円
1,700	1,314	
1,675	1,293	
1,650	1,273	
1,625	1,256	
1,600	1,236	
1,575	1,215	
1,550	1,199	
1,525	1,179	16〜18万円
1,500	1,159	
1,475	1,142	
1,450	1,122	
1,425	1,102	
1,400	1,086	
1,375	1,066	
1,350	1,046	
1,325	1,030	14〜16万円
1,300	1,009	
1,275	985	
1,250	966	
1,225	942	
1,200	922	
1,175	898	
1,150	878	12〜14万円
1,125	861	
1,100	840	

【権利者の年収／万円】

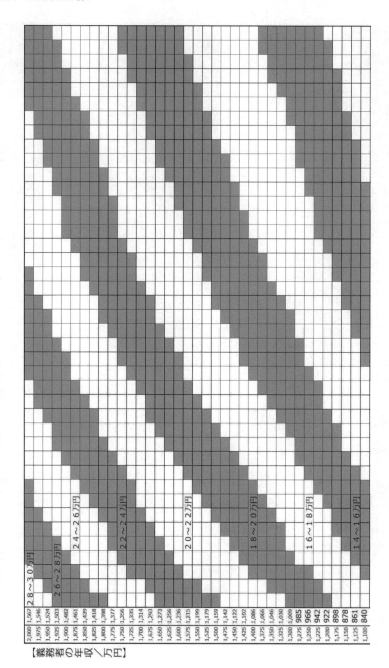

（表2）養育費・子1人表（子15歳以上）

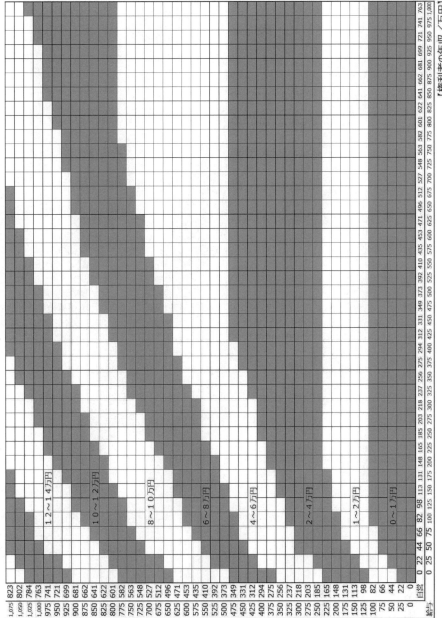

【権利者の年収／万円】

（表３）養育費・子２人表（第１子及び第２子０～14歳）

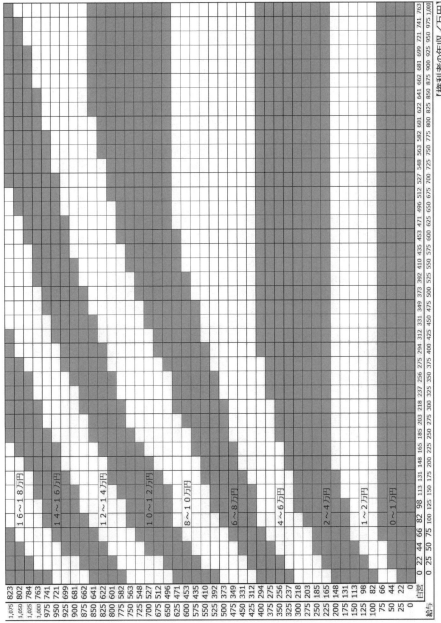

【権利者の年収／万円】

（表４）養育費・子２人表（第１子15歳以上，第２子０〜14歳）

【義務者の年収／万円】

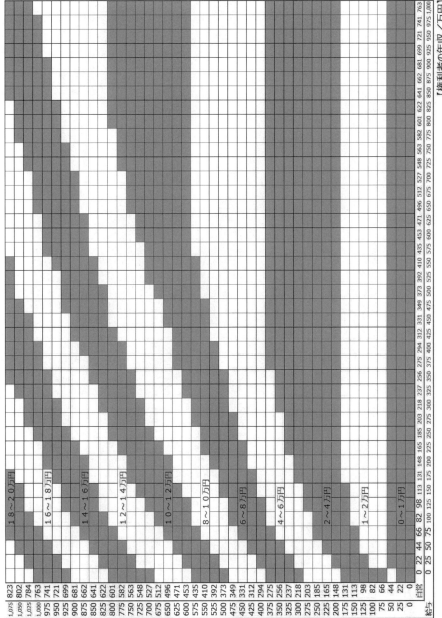

[権利者の年収/万円]

（表５）養育費・子２人表（第１子及び第２子 15 歳以上）

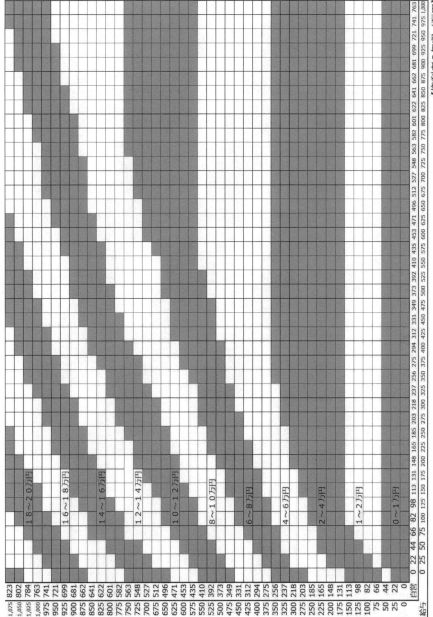

【権利者の年収／万円】

（表6）養育費・子3人表（第1子，第2子及び第3子0～14歳）

【義務者の年収／万円】		
2,000	1,567	40～42万円
1,975	1,546	
1,950	1,524	38～40万円
1,925	1,503	
1,900	1,482	
1,875	1,461	36～38万円
1,850	1,439	
1,825	1,418	
1,800	1,396	
1,775	1,377	34～36万円
1,750	1,356	
1,725	1,335	
1,700	1,314	
1,675	1,293	32～34万円
1,650	1,273	
1,625	1,256	
1,600	1,236	
1,575	1,215	30～32万円
1,550	1,199	
1,525	1,179	
1,500	1,159	
1,475	1,142	28～30万円
1,450	1,122	
1,425	1,102	
1,400	1,086	
1,375	1,066	26～28万円
1,350	1,046	
1,325	1,030	
1,300	1,009	
1,275	985	24～26万円
1,250	966	
1,225	942	
1,200	922	22～24万円
1,175	898	
1,150	878	
1,125	861	20～22万円
1,100	840	

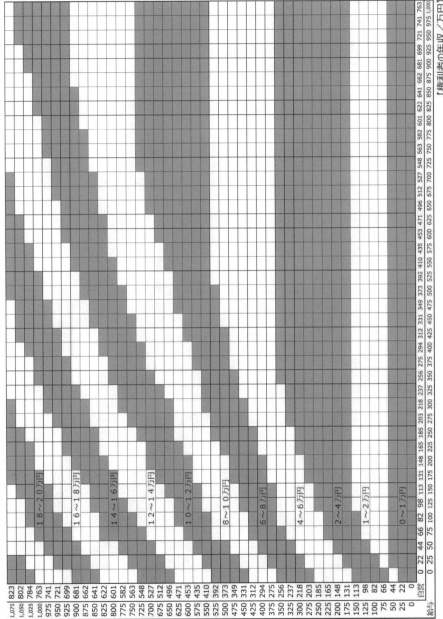

【権利者の年収／万円】

（表７）養育費・子３人表（第１子15歳以上，第２子及び第３子０～14歳）

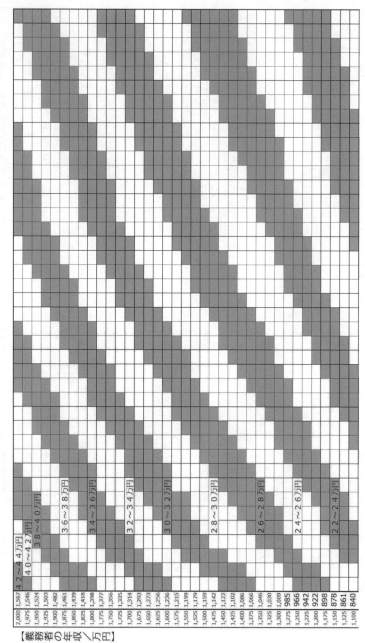

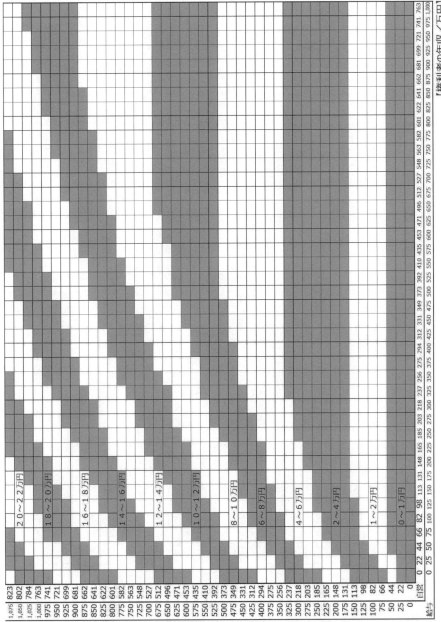

（表８）養育費・子３人表（第１子及び第２子 15 歳以上，第３子０～14 歳）

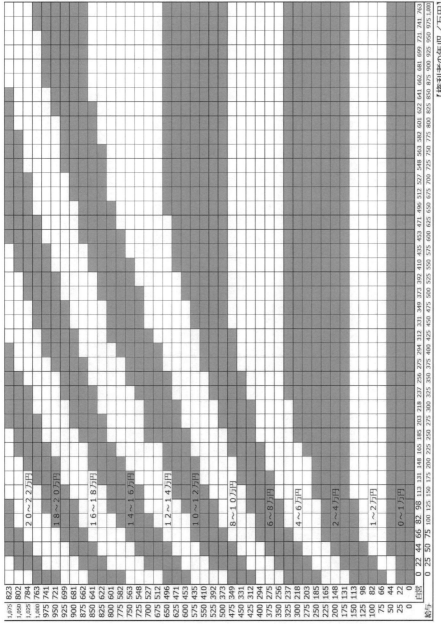

（表9）養育費・子3人表（第1子、第2子及び第3子15歳以上）

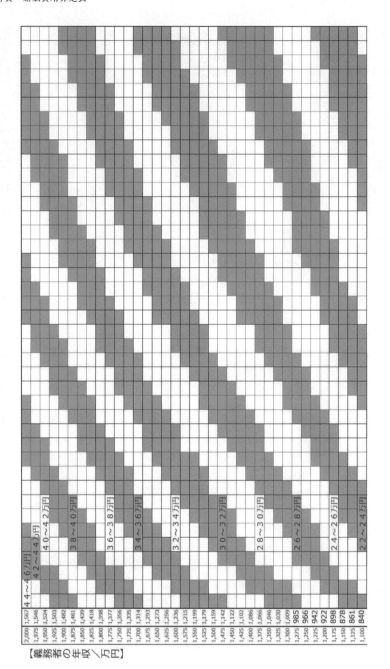

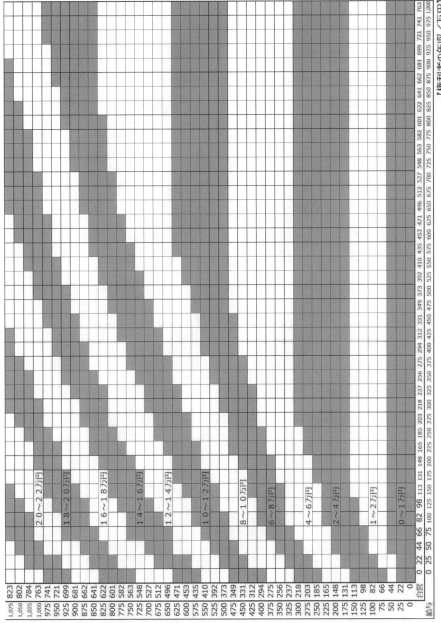

【権利者の年収／万円】

資料6　養育費・婚姻費用算定表

（表 10）婚姻費用・夫婦のみの表

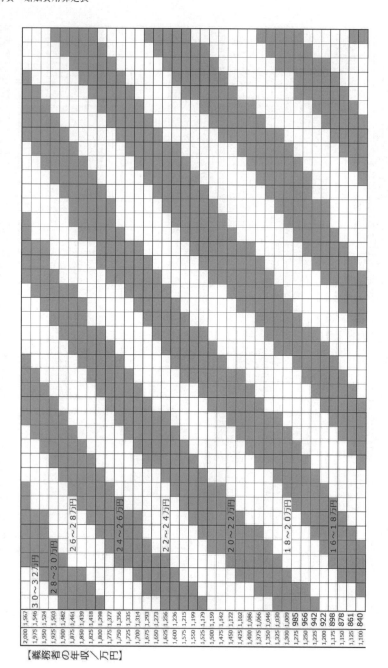

【義務者の年収／万円】		
2,000	1,567	
1,975	1,546	30〜32万円
1,950	1,524	
1,925	1,503	
1,900	1,482	28〜30万円
1,875	1,461	
1,850	1,439	26〜28万円
1,825	1,418	
1,800	1,398	
1,775	1,377	
1,750	1,356	24〜26万円
1,725	1,335	
1,700	1,314	
1,675	1,293	
1,650	1,273	22〜24万円
1,625	1,256	
1,600	1,236	
1,575	1,215	
1,550	1,199	
1,525	1,179	
1,500	1,159	20〜22万円
1,475	1,142	
1,450	1,122	
1,425	1,102	
1,400	1,086	
1,375	1,066	
1,350	1,046	18〜20万円
1,325	1,030	
1,300	1,009	
1,275	985	
1,250	966	
1,225	942	16〜18万円
1,200	922	
1,175	898	
1,150	878	
1,125	861	
1,100	840	

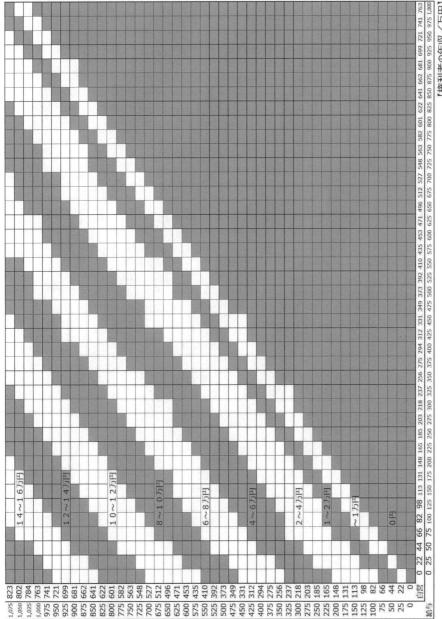

【権利者の年収／万円】

Chart labels (bands):

1 4～1 6万円
1 2～1 4万円
1 0～1 2万円
8～1 0万円
6～8万円
4～6万円
2～4万円
1～2万円
～1万円
0円

Top axis:
0 22 44 66 82 98 113 131 148 165 185 203 218 237 256 275 294 312 331 349 373 392 410 435 453 471 496 512 527 548 563 582 601 622 641 662 681 699 721 741 763
0 25 50 75 100 125 150 175 200 225 250 275 300 325 350 375 400 425 450 475 500 525 550 575 600 625 650 675 700 725 750 775 800 825 850 875 900 925 950 975 1,000

Left axis — 自営:
823 802 784 763 741 721 699 681 662 641 622 601 582 563 548 527 512 496 471 453 435 410 392 373 349 331 312 294 275 256 237 218 203 185 165 148 131 113 98 82 66 44 22 0

Left axis — 給与:
1,075 1,050 1,025 1,000 975 950 925 900 875 850 825 800 775 750 725 700 675 650 625 600 575 550 525 500 475 450 425 400 375 350 325 300 275 250 225 200 175 150 125 100 75 50 25 0

（表11）婚姻費用・子1人表（子0～14歳）

【義務者の年収／万円】

2,000	1,567	3 8～4 0万円		
1,975	1,546			
1,950	1,524	3 6～3 8万円		
1,925	1,503			
1,900	1,482	3 4～3 6万円		
1,875	1,461			
1,850	1,439			
1,825	1,418			
1,800	1,398	3 2～3 4万円		
1,775	1,377			
1,750	1,356			
1,725	1,335			
1,700	1,314	3 0～3 2万円		
1,675	1,293			
1,650	1,273			
1,625	1,256			
1,600	1,236			
1,575	1,215	2 8～3 0万円		
1,550	1,199			
1,525	1,179			
1,500	1,159			
1,475	1,142			
1,450	1,122	2 6～2 8万円		
1,425	1,102			
1,400	1,086			
1,375	1,066			
1,350	1,046			
1,325	1,030	2 4～2 6万円		
1,300	1,009			
1,275	985			
1,250	966			
1,225	942	2 2～2 4万円		
1,200	922			
1,175	898			
1,150	878			
1,125	861	2 0～2 2万円		
1,100	840			

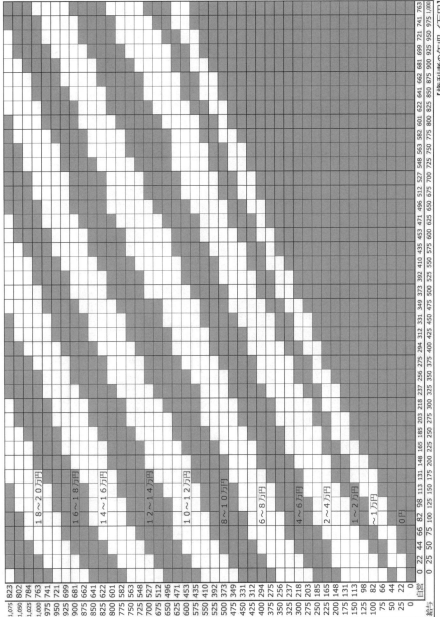

【権利者の年収／万円】

（表12）婚姻費用・子1人表（子15歳以上）

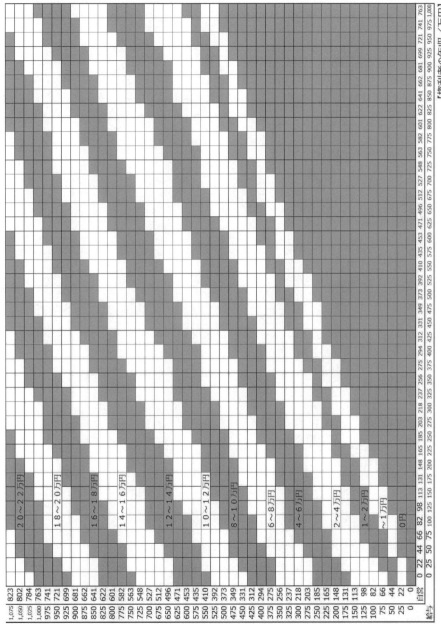

（表13）婚姻費用・子2人表（第1子及び第2子0～14歳）

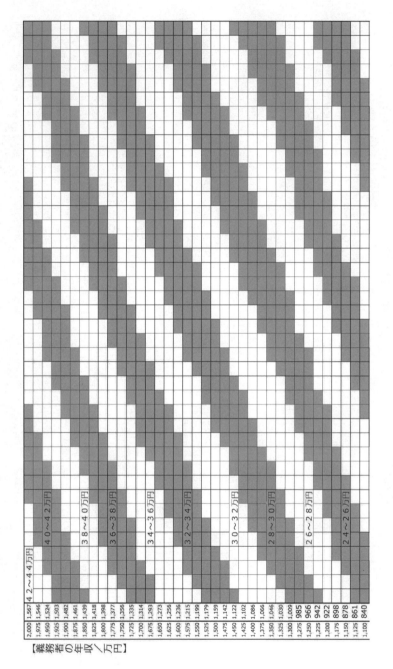

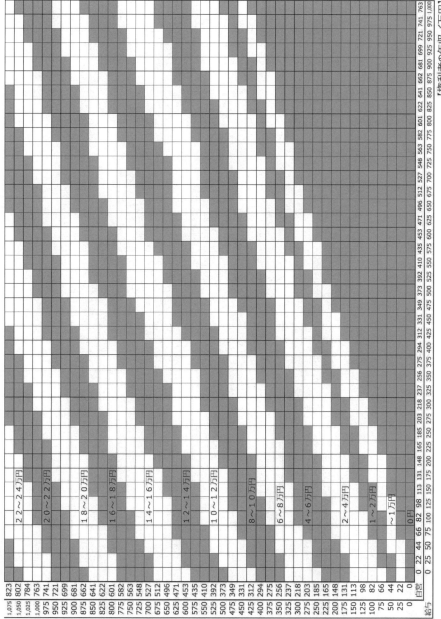

【権利者の年収／万円】

資料6　養育費・婚姻費用算定表

（表 14）婚姻費用・子2人表（第1子 15 歳以上，第2子 0〜14 歳）

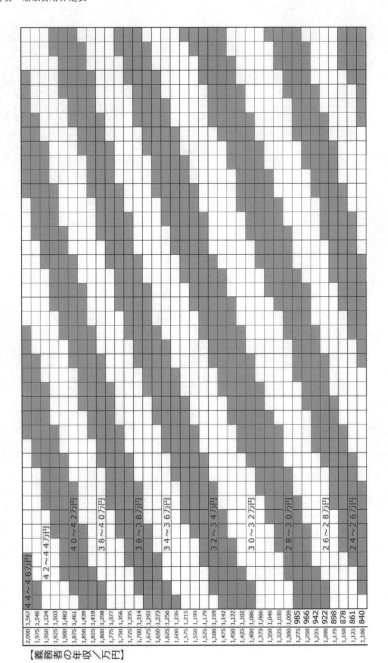

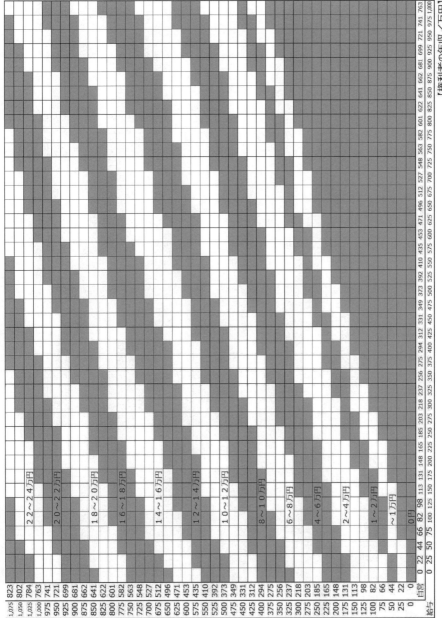

（表15）婚姻費用・子2人表（第1子及び第2子 15歳以上）

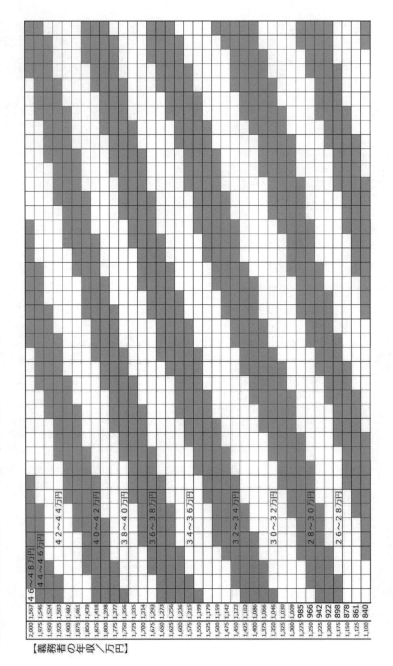

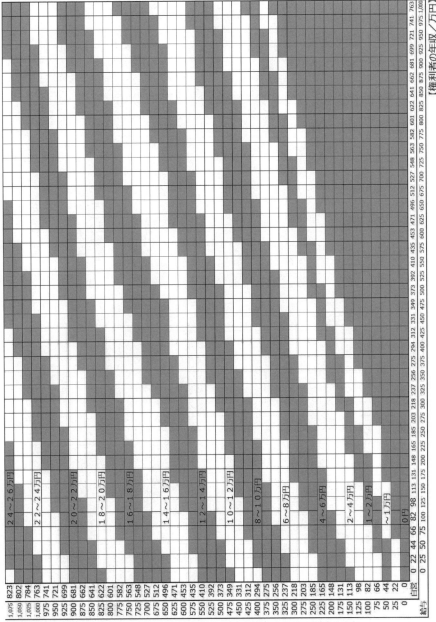

【権利者の年収／万円】

（表16）婚姻費用・子3人表（第1子，第2子及び第3子0～14歳）

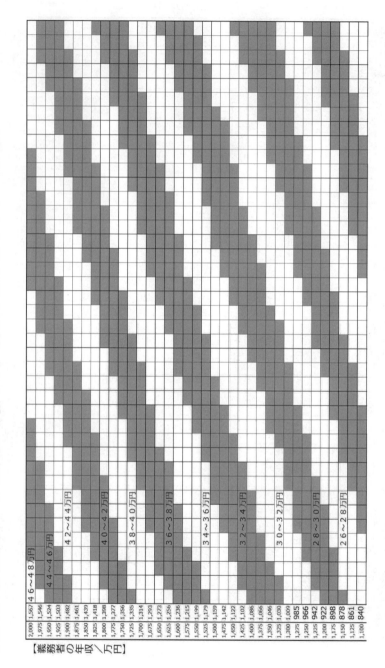

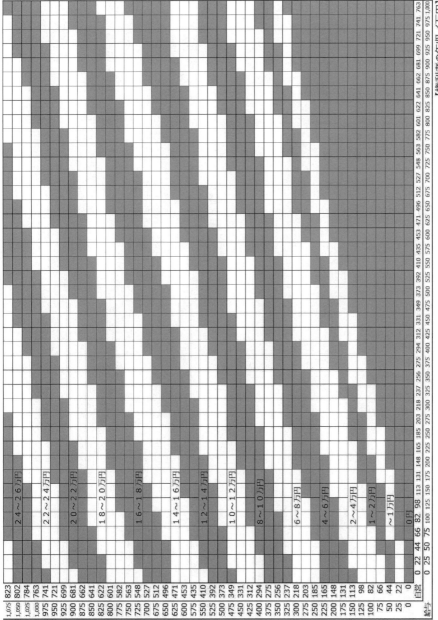

（表17）婚姻費用・子3人表（第1子15歳以上、第2子及び第3子0〜14歳）

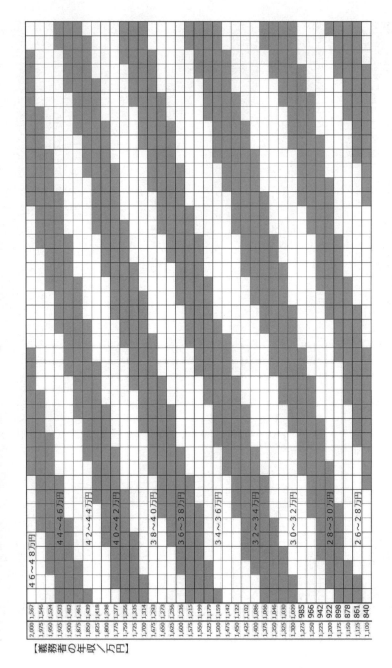

【義務者の年収／万円】

		46〜48万円	44〜46万円	42〜44万円	40〜42万円	38〜40万円	36〜38万円	34〜36万円	32〜34万円	30〜32万円	28〜30万円	26〜28万円
2,000	1,567
1,975	1,546
1,950	1,524
1,925	1,503
1,900	1,482
1,875	1,461
1,850	1,439
1,825	1,418
1,800	1,398
1,775	1,377
1,750	1,356
1,725	1,335
1,700	1,314
1,675	1,293
1,650	1,273
1,625	1,256
1,600	1,236
1,575	1,215
1,550	1,199
1,525	1,179
1,500	1,159
1,475	1,142
1,450	1,122
1,425	1,102
1,400	1,086
1,375	1,066
1,350	1,046
1,325	1,030
1,300	1,009
1,275	985
1,250	966
1,225	942
1,200	922
1,175	898
1,150	878
1,125	861
1,100	840

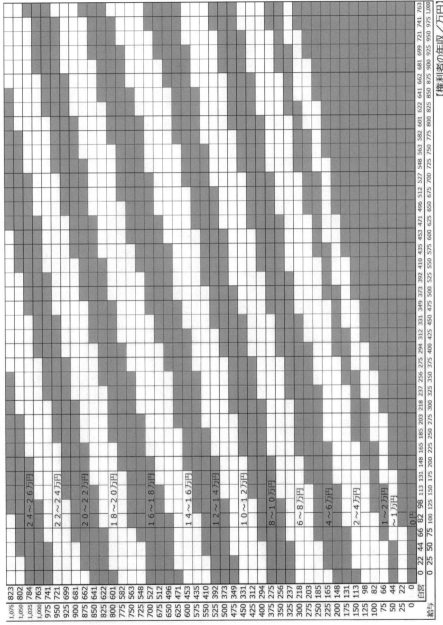

[権利者の年収／万円]

（表18）婚姻費用・子3人表（第1子及び第2子15歳以上，第3子0～14歳）

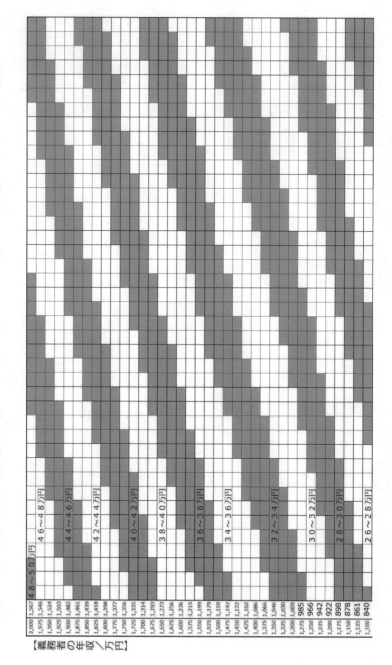

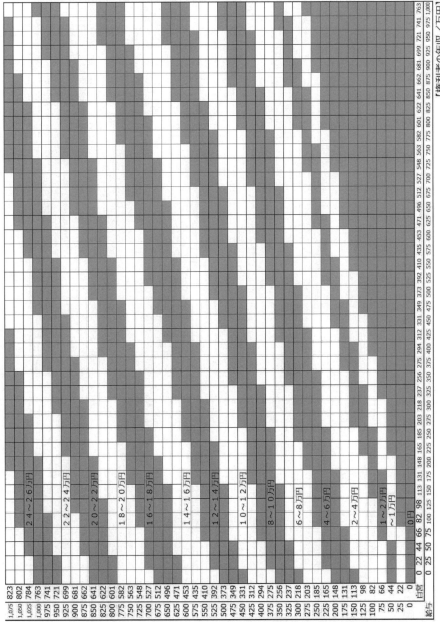

【権利者の年収／万円】

（表 19）　婚姻費用・子 3 人表（第 1 子，第 2 子及び第 3 子 15 歳以上）

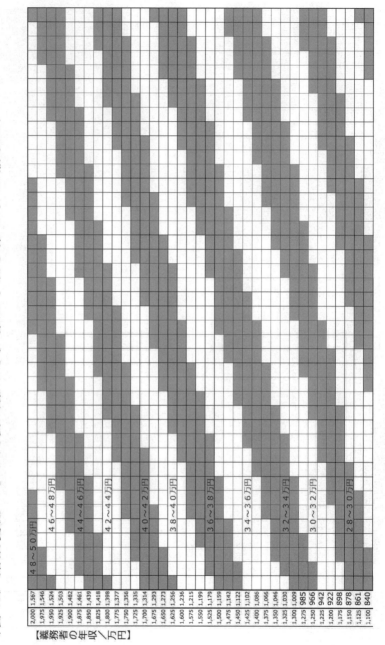

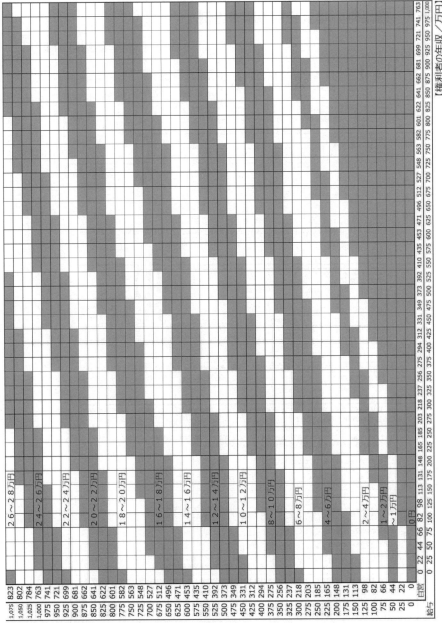

資料7　離婚時の年金分割の請求書例

日本年金機構HPより

届書コード	処理区分	届書
7 8 2	1	●

標準報酬改定請求書
（離婚時の年金分割の請求書）

請求する年金分割の種類

合意分割 ・ 3号分割

様式第651号

⑤
実施機関等
受付年月日

○ 太枠　　　の中に必要事項をご記入ください。ただし、◆印がついている欄は、記入不要です。
○ 黒インクのボールペンでご記入ください。
○ 記入にあたっては、「標準報酬改定請求書（離婚時の年金分割の請求書）の記入方法等について」
　を参照してください。
　　　　　　　　　　　　　　　　　　※基礎年金番号（10桁）で届出する場合は左詰めでご記入ください。

① 請求者

① 個人番号（または基礎年金番号）					送信
② 生年月日	明治　大正　昭和　平成　令和	年	月	日	
氏　　　名	（フリガナ）（氏） （名） （旧姓）		⑥◆改定者区分	1. 第一号改定者 2. 第二号改定者 3. 被扶養配偶者	
住所の郵便番号	住所 （フリガナ） 　　　　市 区 　　　　町 村				

過去に加入していた年金制度の年金手帳の記号番号で基礎年金番号と異なる記号番号があるときは、その番号をご記入ください。

厚生年金保険 船員保険		国民年金	

② 配偶者であった方

③ 個人番号（または基礎年金番号）					送信
④ 生年月日	明治・大正・昭和・平成・令和	年	月	日	
氏　　　名	（フリガナ）（氏） （名） （旧姓）		⑧◆改定者区分	1. 第一号改定者 2. 第二号改定者	
住所の郵便番号	住所 （フリガナ） 　　　　市 区 　　　　町 村				

過去に加入していた年金制度の年金手帳の記号番号で基礎年金番号と異なる記号番号があるときは、その番号をご記入ください。

厚生年金保険 船員保険		国民年金	

③ 婚姻期間等

1. 標準報酬改定請求を行おうとする婚姻期間等について、該当する項目を○で囲み、それぞれの項目に応じて定められた欄を記入してください。

　ア．婚姻の届出をした期間（法律婚期間）のみを有する。⇒「2」欄
　イ．婚姻の届出をしていないが事実上婚姻関係と同様の事情にあった期間（事実婚期間）のみを有する。⇒「3・5」欄
　ウ．事実婚期間から引き続く法律婚期間を有する。⇒「4・5」欄

2. 次の⑩欄と⑪欄を記入してください。

⑩ 婚姻した日	大・昭・平・令	年 月 日	⑪ 離婚した日、または婚姻が取り消された日	平・令	年 月 日

3. 次の⑩欄と⑪欄を記入してください。

⑩ 事実婚第3号被保険者期間の初日	昭・平・令	年 月 日	⑪ 事実婚関係が解消したと認められる日	平・令	年 月 日

4. 次の⑩欄と⑪欄を記入してください。

⑩	事実婚第3号被保険者期間の初日	昭・平・令	年 月 日			
	婚姻した日	昭・平・令	年 月 日	⑪ 離婚した日、または婚姻が取り消された日	平・令	年 月 日

5. 事実婚期間にある間に、当事者の一方が他方の被扶養配偶者として第3号被保険者であった期間を全て記入してください。

事実婚第3号被保険者期間	年 月 日 昭和 平成 令和	から	年 月 日 昭和 平成 令和	まで	年 月 日 昭和 平成 令和	から	年 月 日 昭和 平成 令和	まで
	年 月 日 昭和 平成 令和	から	年 月 日 昭和 平成 令和	まで	年 月 日 昭和 平成 令和	から	年 月 日 昭和 平成 令和	まで

第3号被保険者期間にかかる分割のみの請求の場合は、この欄の記入は不要です。

④ 対象期間に含めない期間	1．標準報酬改定請求を行おうとする婚姻期間において、 ア．①欄に記入した方が、「②欄に記入した方以外の方」の被扶養配偶者としての第3号被保険者であった期間がありますか。（ はい ・ いいえ ） イ．①欄に記入した方が「②欄に記入した方以外の方」を被扶養配偶者とし、その方が第3号被保険者であった期間がありますか。（ はい ・ いいえ ） ウ．「ア」または「イ」について、「はい」を○で囲んだ場合は、その「②欄に記入した以外の方」の氏名、生年月日及び基礎年金番号を記入してください。

氏名	(フリガナ) (氏) (名)	生年月日 明・大・昭・平・令	年 月 日	基礎年金番号 —

2．標準報酬改定請求を行おうとする婚姻期間において、
ア．②欄に記入した方が、「①欄に記入した方以外の方」の被扶養配偶者としての第3号被保険者であった期間がありますか。（ はい ・ いいえ ）
イ．②欄に記入した方が「①欄に記入した方以外の方」を被扶養配偶者とし、その方が第3号被保険者であった期間がありますか。（ はい ・ いいえ ）
ウ．「ア」または「イ」について、「はい」を○で囲んだ場合は、その「①欄に記入した以外の方」の氏名、生年月日及び基礎年金番号を記入してください。

氏名	(フリガナ) (氏) (名)	生年月日 明・大・昭・平・令	年 月 日	基礎年金番号

第3号被保険者期間にかかる分割のみの請求の場合は、この欄の記入は不要です。

⑤ 按分割合	0 ．	(百分率) ➡ ◆ ⑫ ． ． ％

⑥ 厚生年金基金のポータビリティ制度を利用していますか。 （第一号改定者又は特定被保険者） ※ ポータビリティ制度の利用により基金間における年金資産の移換を行った場合には、「⑨」又は「⑪」の婚姻期間等に係る資格記録」の備考欄に移換先の基金名を記入してください。	⑦ 請求者	0．利用していない 1．利用している
	⑨ 配偶者	0．利用していない 1．利用している

厚生年金基金のポータビリティ制度とは？
　厚生年金基金におけるポータビリティというのは、「会社を変わった場合でも、それまで積み立てていた年金の原資を持ち運べること」です。具体的には、転職先企業の制度の規約と本人同意を要件に、転職先の企業年金に積立金を移換し、元会社での勤続年数を通算できる制度です。
　離婚時の厚生年金の分割制度においては、第一号改定者又は特定被保険者について厚生年金基金に加入していた期間の標準報酬が分割された場合、原価相当額を政府は厚生年金基金から徴収します。本欄はその徴収先の厚生年金基金を把握するためにご記入いただくものです。

⑦ 請求者の意思確認	厚生年金保険法第78条の2又は第78条の14の規定に基づき、標準報酬改定請求を行います。 　　　　　　　　　　　　　　　　　　令和　　年　　月　　日 氏　　名 電話番号　（　　　） 氏　　名 電話番号　（　　　） ※当事者双方が共同で請求する場合は、当事者双方が氏名を記入してください。 ※当事者の一方が既に死亡している場合には、下欄に死亡した年月日を記入してください。 令和　　年　　月　　日　に死亡。

職員が記入するため、請求者は記入不要です。

⑧ 対象期間	⑬共済組合 コード1			⑭共済組合 コード2			⑮共済組合 コード3		
㉒	昭・平・令	年 月 日		㉔ 昭・平・令	年 月 日		昭・平・令	年 月 日	
㉓	昭・平・令	年 月 日		㉕ 昭・平・令	年 月 日		昭・平・令	年 月 日	

9 　**請求者の婚姻期間等に係る資格記録**
※　欄外の注意事項を確認のうえ、できるだけ詳しく、正確に記入してください。

	事業所（船舶所有者）の名称および船員であったときはその船舶名（国民年金に加入していた場合は国民年金と記入して下さい。）	事業所（船舶所有者）の所在地または国民年金加入時の住所	勤務期間または国民年金の加入期間	加入していた年金制度の種類（○で囲んでください）	備　　考
1			・　・　から ・　・　まで	1 国民年金（1号・3号） 2 厚生年金保険 3 厚生年金保険(船員) 4 共済組合等	
2			・　・　から ・　・　まで	1 国民年金（1号・3号） 2 厚生年金保険 3 厚生年金保険(船員) 4 共済組合等	
3			・　・　から ・　・　まで	1 国民年金（1号・3号） 2 厚生年金保険 3 厚生年金保険(船員) 4 共済組合等	
4			・　・　から ・　・　まで	1 国民年金（1号・3号） 2 厚生年金保険 3 厚生年金保険(船員) 4 共済組合等	
5			・　・　から ・　・　まで	1 国民年金（1号・3号） 2 厚生年金保険 3 厚生年金保険(船員) 4 共済組合等	
6			・　・　から ・　・　まで	1 国民年金（1号・3号） 2 厚生年金保険 3 厚生年金保険(船員) 4 共済組合等	
7			・　・　から ・　・　まで	1 国民年金（1号・3号） 2 厚生年金保険 3 厚生年金保険(船員) 4 共済組合等	
備考欄					

(注1)　本請求書を提出する日において、厚生年金保険の被保険者である状態が続いている場合には、勤務期間欄は「○○.○○.○○から、継続中」と記入してください。
(注2)　記入欄が足りない場合には、備考欄に記入してください。
(注3)　加入していた年金制度が農林共済組合の場合、事業所名称欄には「農林漁業団体等の名称」を、事業所所在地欄には「農林漁業団体等の住所地」を記入してください。
(注4)　来軍等の施設関係に勤めていたことがある方は、事業所名称欄に部隊名、施設名、職種をできるかぎり記入してください。

個人で保険料を納める第四種被保険者、船員保険の年金任意継続被保険者となったことがありますか。	1　はい　・　2　いいえ
「はい」と答えたときは、その保険料を納めた年金事務所(社会保険事務所)の名称を記入してください。	
その保険料を納めた期間を記入してください。	昭和・平成・令和　　年　　月　　日から昭和・平成・令和　　年　　月　　日
第四種被保険者(船員年金任意継続被保険者)の整理記号番号を記入してください。	記号　　　　　　　番号

		職員が記入するため、請求者は記入不要です。											
10 ◆特定期間	自	大・昭平・令	年 月 日	至 昭・平・令	年 月 日	自 昭・平・令	年 月 日	至 昭・平・令	年 月 日				
	自	昭・平・令	年 月 日	至 昭・平・令	年 月 日	自 昭・平・令	年 月 日	至 昭・平・令	年 月 日				
	自	昭・平・令	年 月 日	至 昭・平・令	年 月 日	自 昭・平・令	年 月 日	至 昭・平・令	年 月 日				

11 配偶者であった方の婚姻期間等に係る資格記録

※　欄外の注意事項を確認のうえ、できるだけ詳しく、正確に記入してください。

	事業所（船舶所有者）の名称および船員であったときはその船舶名（国民年金に加入していた場合は国民年金と記入して下さい。）	事業所（船舶所有者）の所在地または国民年金加入時の住所	勤務期間または国民年金の加入期間	加入していた年金制度の種類（○で囲んでください）	備　考
1			・　・　から ・　・　まで	1 国民年金（1号・3号） 2 厚生年金保険 3 厚生年金保険（船員） 4 共済組合等	
2			・　・　から ・　・　まで	1 国民年金（1号・3号） 2 厚生年金保険 3 厚生年金保険（船員） 4 共済組合等	
3			・　・　から ・　・　まで	1 国民年金（1号・3号） 2 厚生年金保険 3 厚生年金保険（船員） 4 共済組合等	
4			・　・　から ・　・　まで	1 国民年金（1号・3号） 2 厚生年金保険 3 厚生年金保険（船員） 4 共済組合等	
5			・　・　から ・　・　まで	1 国民年金（1号・3号） 2 厚生年金保険 3 厚生年金保険（船員） 4 共済組合等	
6			・　・　から ・　・　まで	1 国民年金（1号・3号） 2 厚生年金保険 3 厚生年金保険（船員） 4 共済組合等	
備考欄					

(注1)　本請求書を提出する日において、厚生年金保険の被保険者である状態が続いている場合には、勤務期間欄は「○○．○○．○○から、継続中」と記入してください。

(注2)　記入欄が足りない場合には、備考欄に記入してください。

(注3)　加入していた年金制度が農林共済組合の場合、事業所名称欄には「農林漁業団体等の名称」を、事業所所在地欄には「農林漁業団体等の住所地」を記入してください。

(注4)　米軍等の施設関係に勤めていたことがある方は、事業所名称欄に部隊名、施設名、職種をできるかぎり記入してください。

個人で保険料を納める第四種被保険者、船員保険の年金任意継続被保険者となったことがありますか。	1　はい　・　2　いいえ			
「はい」と答えたときは、その保険料を納めた年金事務所（社会保険事務所）の名称を記入してください。				
その保険料を納めた期間を記入してください。	昭和・平成・令和　　年　　月　日から昭和・平成・令和　　年　　月　日			
第四種被保険者（船員年金任意継続被保険者）の整理記号番号を記入してください。	記号		番号	

届書コード	処理区分			届書	◆標準報酬改定通知書発行	職員が記入するため、請求者は記入不要です。

| 7 | 8 | 2 | 2 | | | |

請求者	①基礎年金番号　　　　－	②生年月日　明・大・昭・平・令　年　月　日	③選択項番	送信
	④発行指示　1(1,2頁目)・2(3,4頁目)・3(5,6頁目)・4(7,8頁目)	⑤送付先氏名（フリガナ）（氏）　　　　（名）		
	⑥送付先郵便番号	⑦（フリガナ）住所コード　　　　　　市区町村		送信

配偶者であった方	①基礎年金番号　　　　－	②生年月日　明・大・昭・平・令　年　月　日	③選択項番	送信
	④発行指示　1(1,2頁目)・2(3,4頁目)・3(5,6頁目)・4(7,8頁目)	⑤送付先氏名（フリガナ）（氏）　　　　（名）		
	⑩送付先郵便番号	⑦（フリガナ）住所コード　　　　　　市区町村		送信

別　紙

標準報酬改定請求書（離婚時の年金分割の請求書）の記入方法等について

請求書の記入方法等について

1.「請求する年金分割の種類」欄について

　今回の請求する年金分割の種類について、該当する方に〇をつけてください。

　「合意分割」とは、当事者の合意又は裁判手続により按分割合を定め、当事者の一方からの請求により、当事者間で厚生年金の標準報酬を分割するものです。

　「3号分割」とは、国民年金の第3号被保険者であった方の請求により、平成20年4月1日以後の相手方の標準報酬を2分の1ずつ、当事者間で分割するものです。

2.「① 請求者」欄について

　当事者のうち、請求される方について記入してください。

　旧姓がある方は、氏名欄にご記入をお願いします。「氏名」及び「住所」のフリガナは、カタカナで記入してください。

3.「② 配偶者であった方」欄について

　当事者のうち、請求される方の配偶者であった方について記入してください。

　旧姓がある方は、氏名欄にご記入をお願いします。「氏名」及び「住所」のフリガナは、カタカナで記入してください。

　（注）配偶者であった方の住所が不明な場合は、「住所」欄は**不明**と記入してください。

4.「③ 婚姻期間等」欄について

- ■「1」欄は、標準報酬改定請求を行おうとする婚姻期間等について、該当する項目を〇で囲み、それぞれの項目に応じて定められた欄を記入してください。

- ■「2」欄は、標準報酬改定請求を行おうとする婚姻期間等が**「法律婚期間（婚姻の届出をした期間をいう。以下同じ。）のみ」**の方が記入してください。「⑩婚姻した日」は、戸籍謄(抄)本に記載されている「婚姻の届出年月日」を記入し、「⑪離婚した日、または婚姻が取り消された日」は、戸籍謄(抄)本の「離婚の届出年月日」等を記入してください。

- ■「3」欄は、標準報酬改定請求を行おうとする婚姻期間等が**「事実婚期間（婚姻の届出をしていないが事実上婚姻関係と同様の事情にあった期間をいう。以下同じ。）のみ」**の方が記入してください。「⑩事実婚第3号被保険者期間の初日」は、その事実婚期間のうち、夫（又は妻）が、妻（又は夫）の被扶養配偶者として第3号被保険者であった期間(当該期間が複数ある場合には、もっとも古い期間)の初日を記入し、「⑪事実婚関係が解消したと認められる日」は、「事実婚関係を解消した日」を記入してください。

- ■「4」欄は、標準報酬改定請求を行おうとする婚姻期間等が**「事実婚期間から引き続く法律婚期間」**の方が記入してください。「⑩事実婚第3号被保険者期間の初日」は、その事実婚期間のうち、夫（又は妻）が妻（又は夫）の被扶養配偶者として第3号被保険者であった期間(当該期間が複数ある場合には、もっとも古い期間)の初日を記入してください。「⑩婚姻した日」と「⑪離婚した日、または婚姻が取り消された日」は、上記の「2」欄の記入方法をご参照のうえ、記入してください。

- ■「5」欄は、**「事実婚期間」**を有する方が記入してください。事実婚期間のうち、夫（又は妻）が妻（又は夫）の被扶養配偶者として第3号被保険者であった期間を記入してください。記入欄が足りない場合

は、枠外に「別紙に続く」と記入のうえ、別紙(様式は問いません)にその続きを記入してください。ご自身の第3号被保険者であった期間が分からない場合は、年金事務所で記録を確認することができますので、年金事務所の窓口等でお尋ねください。

5．「4　対象期間に含めない期間」欄について（第3号被保険者期間にかかる分割のみの請求の場合は、この欄の記入は不要です。）

標準報酬改定請求を行おうとする婚姻期間が、次の①又は②に掲げるいずれかの期間と重複する場合、その「婚姻期間から①及び②の期間と重複する期間を除いた期間」が年金分割の対象期間となり、当該期間に基づき標準報酬を改定することになります。

① 請求者及び配偶者であった方以外の者（以下「第三者」という。）が、その当事者のどちらか一方の被扶養配偶者であった方として第3号被保険者であった期間

② 請求者及び配偶者のうち、そのどちらか一方が、第三者の被扶養配偶者として第3号被保険者であった期間

■ このような場合は、第三者に係る記録を特定する必要があり、4欄「1」又は「2」について、「はい」を○で囲んだ場合、当該第三者の氏名（必ずフリガナも記入してください。）、生年月日及び基礎年金番号を記入してください。

■ 年金分割を行った後に、①又は②に該当する第三者がいることが明らかになった場合は、年金分割が無効となることがありますので、ご留意ください。

■ 当事者の他方について上記の①又は②の期間が不明の場合は、「不明」と記入してください。

6．「5　按分割合」欄について（第3号被保険者期間にかかる分割のみの請求の場合は、この欄の記入は不要です。）

公正証書、公証人の認証を受けた私署証書又は按分割合を定めた確定審判、調停調書、確定判決若しくは和解調書の謄本若しくは抄本に記載された按分割合を記入してください。

なお、記載された按分割合に小数点5位未満の端数がある場合は、これを四捨五入してください。

7．「6　厚生年金基金のポータビリティ制度を利用していますか」欄について

厚生年金基金のポータビリティ制度を利用していない場合は「利用していない」を○で囲んでください。利用している場合は「利用している」を○で囲み、「9又は11欄の婚姻期間等に係る資格記録」の備考欄に移換先の基金名を記入してください。

8．「7　請求者の意思確認」欄について

■請求される方について記入してください。
■当事者双方が共同で請求する場合は、当事者双方が氏名を記入してください。
■当事者の一方が既に死亡している場合には、死亡した年月日を記入してください。

9．「8　対象期間」欄及び「10　特定期間」欄について

この欄の記入は必要ありません。

10．「9　請求者の婚姻期間等に係る資格記録」欄及び「11　配偶者であった方の婚姻期間等に係る資格記録」欄について

それぞれ婚姻期間等に係る資格記録について、できるだけ詳しく正確に記入してください。

《記入例》

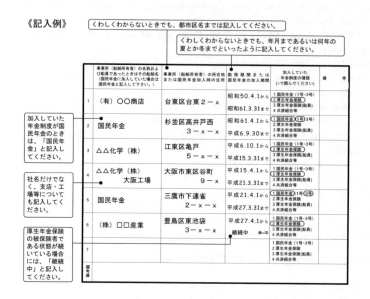

くわしくわからないときでも、都市区名までは記入してください。

くわしくわからないときでも、年月まであるいは何年の夏とか冬までといったように記入してください。

加入していた年金制度が国民年金のときは、「国民年金」と記入してください。

社名だけでなく、支店・工場等についても記入してください。

厚生年金保険の被保険者である状態が続いている場合には、「継続中」と記入してください。

	事業所（船舶所有者）の名称および船員であったときはその船舶名（国民年金に加入していた場合は国民年金と記入して下さい。）	事業所（船舶所有者）の所在地または国民年金加入時の住所	勤務期間または国民年金の加入期間	加入していた年金制度の種類（○で囲んでください）	備 考
1	(有)〇〇商店	台東区台東2－x	昭和50.4.1から 昭和61.3.31まで	1 国民年金（1号・3号） ②厚生年金保険 3 厚生年金保険(船員) 4 共済組合等	
2	国民年金	杉並区高井戸西 3－x－x	昭和61.4.1から 平成6.9.30まで	①国民年金（1号・3号） 2 厚生年金保険 3 厚生年金保険(船員) 4 共済組合等	
3	△△化学(株)	江東区亀戸 5－x－x	平成6.10.1から 平成15.3.31まで	1 国民年金（1号・3号） ②厚生年金保険 3 厚生年金保険(船員) 4 共済組合等	
4	△△化学(株) 大阪工場	大阪市東区谷町 9－x	平成15.4.1から 平成21.3.31まで	1 国民年金（1号・3号） ②厚生年金保険 3 厚生年金保険(船員) 4 共済組合等	
5	国民年金	三鷹市下連雀 2－x－x	平成21.4.1から 平成27.3.31まで	①国民年金（1号・③号） 2 厚生年金保険 3 厚生年金保険(船員) 4 共済組合等	
6	(株)□□産業	豊島区東池袋 3－x－x	平成27.4.1から 継続中	1 国民年金（1号・3号） ②厚生年金保険 3 厚生年金保険(船員) 4 共済組合等	
7				1 国民年金（1号・3号） 2 厚生年金保険 3 厚生年金保険(船員) 4 共済組合等	
備考欄					

請求書に添えなければならない書類

1．（①に個人番号を記入したとき）マイナンバーカード等
　　（①に基礎年金番号を記入したとき）年金手帳、基礎年金番号通知書（郵送の場合は、写しでも可）
2．1欄に記入した方と2欄に記入した方の身分関係（婚姻期間等）を明らかにできる戸籍の謄本、当事者それぞれの戸籍の抄本、戸籍の全部事項証明書又は当事者それぞれの戸籍の個人事項証明書（住民票により代えることはできません。）
　（注）事実婚関係にあった期間を有する方や事実上離婚したと同様の事情にあると認められる場合により請求をされた方は、これらに加え、事実婚関係を明らかにする書類や事実上離婚したと同様の事情にあると認められることを明らかにする書類が必要となりますので、詳細については年金事務所にお問い合わせ下さい。
3．請求日前1か月以内に作成された当事者（第3号被保険者にかかる分割のみの請求の場合は、配偶者であった方）の生存を証明することができる書類（戸籍の抄本、住民票(コピー不可)等）（請求書に個人番号を記入することで省略できます。）
　（注）2の書類で確認できる場合は必要ありません。
4．当事者の一方が死亡した場合（第3号被保険者にかかる分割のみの請求の場合は、配偶者であった方が死亡した場合）は、死亡者の死亡の事実及び死亡年月日を証明することができる書類（戸籍の抄本、住民票(コピー不可)等）
　（注）2の書類で確認できる場合は必要ありません。

5. 按分割合が記載された次に掲げるいずれかの書類（第3号被保険者期間にかかる分割のみの請求の場合は不要です。）

①　当事者間の話し合いにより、按分割合について合意したとき
　　公正証書の謄本若しくは抄録謄本、又は公証人の認証を受けた私署証書（注1）

②　裁判所における手続により、按分割合について定めたとき（注2）

　ア　審判(判決)の場合
　　　審判(判決)書の謄本又は抄本及び確定証明書

　イ　調停(和解)の場合
　　　調停(和解)調書の謄本又は抄本

（注1）①については、按分割合のほかに、分割改定の請求についての当事者間の合意が記載されていることが必要です。

（注2）②のうち、審判書又は調停(和解)調書の謄本又は抄本を添付する場合に、審判又は調停の申立てをした日を証する書類（裁判所が発行する証明書）が必要となるときがあります。

6. 当事者又はその代理人が年金事務所に直接書類等を持参して請求を行うときは、上記の5に代えて次に掲げる書類等を持参することにより請求できます。（当事者双方、当事者一方と当事者他方の代理人又は当事者双方のそれぞれの代理人、いずれの組合せでも来所することが可能ですが、必ず2人で来所していただくことが必要です。）

①　当事者双方が標準報酬改定請求をすること及び請求すべき按分割合について合意している旨が記載され、かつ、当事者自らが署名した書類

②　当事者が年金事務所の窓口に来所する場合
　・　当事者の運転免許証、パスポート、個人番号カード（マイナンバーカード）又は当事者の印鑑及びその印鑑に係る印鑑登録証明書

③　当事者の代理人が年金事務所の窓口に来所する場合
　・　当事者の記名及び押印がある委任状（押印した印鑑に係る印鑑登録証明書の添付が必要です。）
　・　代理人の運転免許証、パスポート、個人番号カード（マイナンバーカード）又は代理人の印鑑及びその印鑑に係る印鑑登録証明書
　※　①の書類の様式及び③の委任状の様式は年金事務所に備えつけてあります。

＜添付書類の取扱いについて＞
■添付書類は、「コピー可」と記載されているもの以外は、原本を添付してください。
■戸籍謄本、住民票等（年金請求等に用いることを目的として交付されたものを除きます。）の原本については、原本を提出したお客様から原本返却のお申出があった場合、職員がそのコピーをとらせていただいた上で、お返しいたします。（第三者証明、診断書等、原本返却できない書類もあります。）

請求書の提出先など

1. 請求書は、原則として、請求者の住所地を管轄する年金事務所へ提出してください。

2. お問い合わせについては、全国の年金事務所及び年金相談センターで承っております。

3. 年金事務所の所在地及び電話番号は、日本年金機構ホームページ(https://www.nenkin.go.jp/)に掲載しています。

4. 上記のほか、各共済組合等へ提出可能です。

提 出 期 限

年金分割の請求は、原則、次に掲げる日の翌日から起算して2年を経過した場合には行うことができません。

（1）離婚が成立した日

（2）婚姻が取り消された日

（3）事実婚関係が解消したと認められる日（事実婚関係から引き続き法律婚期間を有する場合を除く）

　　ただし、裁判手続により按分割合が定められたときに、既に2年を経過していた場合等については、請求期限の特例があります。また、既に離婚等が成立し、相手方が死亡した日から起算して1カ月を経過すると請求することができなくなります。

資料8　婚姻費用分担請求調停申立書例

東京家庭裁判所HPより

受付印	☑ 調停 家事　　　申立書　事件名 □ 審判	☑ 婚姻費用分担請求 □ 婚姻費用増額請求 □ 婚姻費用減額請求

（この欄に申立て1件あたり収入印紙1,200円分を貼ってください。）

印

紙

（貼った印紙に押印しないでください。）

収 入 印 紙	円
予納郵便切手	円

東 京 家庭裁判所 御中 令和 ○ 年 ○ 月 ○ 日	申 立 人 （又は法定代理人など） の 記 名 押 印	甲 野 花 子　㊞

添付書類	（審理のために必要な場合は，追加書類の提出をお願いすることがあります。） ☑ 戸籍謄本（全部事項証明書）（内縁関係に関する申立ての場合は不要） ☑ 申立人の収入に関する資料（源泉徴収票，給与明細，確定申告書，非課税証明書等の写し） □	準 口 頭

申 立 人	住 所	〒 ○○○ － ○○○○ 東京都 ○○ 区 ××× ○丁目○番○号 ハイツ○○　　○○○ 号 （ ○○○ 方）	
	フリガナ 氏 名	コ ウ ノ　ハ ナ コ 甲 野 花 子	昭和 平成 ○ 年 ○ 月 ○ 日生 （ ○○ 歳）
相 手 方	住 所	〒 ○○○ － ○○○○ 東京都 ○○ 区 ××× ○丁目○番○号 ○○アパート○○ 号 （ 方）	
	フリガナ 氏 名	コ ウ ノ　タ ロ ウ 甲 野 太 郎	昭和 平成 ○ 年 ○ 月 ○ 日生 （ ○○ 歳）
対 象 と な る 子	住 所	☑ 申立人と同居　／　□ 相手方と同居 □ その他（ ）	平成 令和 ○ 年 ○ 月 ○ 日生 （ ○ 歳）
	フリガナ 氏 名	コ ウ ノ　イ チ ロ ウ 甲 野 一 郎	
	住 所	☑ 申立人と同居　／　□ 相手方と同居 □ その他（ ）	平成 令和 ○ 年 ○ 月 ○ 日生 （ ○ 歳）
	フリガナ 氏 名	コ ウ ノ　ジ ロ ウ 甲 野 次 郎	
	住 所	□ 申立人と同居　／　□ 相手方と同居 □ その他（ ）	平成 令和 年 月 日生 （ 歳）
	フリガナ 氏 名		

（注）太枠の中だけ記入してください。対象となる子は，申立人又は相手方が監護養育している子を記入してください。□の部分は，該当するものにチェックしてください。

(1/2)

※　申立ての趣旨は，当てはまる番号を○で囲んでください。
　　□の部分は，該当するものにチェックしてください。

申　立　て　の　趣　旨

（ ☑ 相手方 ／ □ 申立人 ）は，（ ☑ 申立人 ／ □ 相手方 ）に対し，婚姻期間中の
生活費として，次のとおり支払うとの（ ☑ 調停 ／ □ 審判 ）を求めます。

　　　　※　1　毎月（ ☑ 金 ○○○ 円 ／ □ 相当額 ）を支払う。

　　　　　　2　毎月金＿＿＿＿＿＿＿＿円に増額して支払う。

　　　　　　3　毎月金＿＿＿＿＿＿＿＿円に減額して支払う。

申　立　て　の　理　由

同　居　・　別　居　の　時　期

同居を始めた日……　昭和／(平成)／令和　○○年 ○○月 ○○日　別居をした日…… 平成／(令和)　○○年 ○○月 ○○日

婚　姻　費　用　の　取　決　め　に　つ　い　て

1　当事者間の婚姻期間中の生活費に関する取り決めの有無
　　□あり（取り決めた年月日：平成・令和＿＿年＿＿月＿＿日）　☑なし
2　1で「あり」の場合
（1）取決めの種類
　　□口頭　□念書　□公正証書 ┌＿＿＿＿＿＿家庭裁判所＿＿＿＿＿（□支部 ／ □出張所）┐
　　□調停　□審判　□和解 → └平成・令和＿＿＿年（家＿＿）第＿＿＿＿号　　　　　　　　┘
（2）取決めの内容
　　（□相手方 ／ □申立人）は，（□申立人 ／ □相手方）に対し，平成・令和＿＿年＿＿月
　　から＿＿＿＿＿まで，毎月＿＿＿＿＿円を支払う。

婚　姻　費　用　の　支　払　状　況

□　現在，毎月＿＿＿＿＿円が支払われている（支払っている）。

□　平成・令和＿＿年＿＿月ころまで，毎月＿＿＿＿＿円が支払われていた（支払っていた）
　　が，その後，（ □減額された（減額した） ／ □支払がない（支払っていない）。）

□　支払はあるが，一定しない。

☑　これまで支払はない。

婚姻費用の分担の増額または減額を必要とする事情（増額・減額の場合のみ記載してください。）
□　申立人の収入が減少した。　　　　　　　□　相手方の収入が増加した。
□　申立人が仕事を失った。
□　申立人自身・子にかかる費用（□学費　□医療費　□その他）が増加した。
□　その他（＿＿＿＿＿＿＿＿＿＿＿＿＿＿＿＿＿＿＿＿＿＿＿＿）

(2/2)

資料9　普通失踪宣告申立書例

東京家庭裁判所HPより

受付印		**失踪宣告審判申立書**
		（収入印紙８００円分を貼ってください。）
収入印紙　　　　円		
予納郵便切手　　円		（貼った印紙に押印しないでください。）

準口頭		関連事件番号　平成・令和　　年（家　）第　　　号

東京家庭裁判所　御中　令和〇〇年〇〇月〇〇日	申立人又は法定代理人などの記名押印	東山一郎　㊞

添付書類	不在者の戸籍謄本，戸籍附票各１通，生死不明を証する証明書・失踪を証明する資料　申立人の利害関係を証明する資料

申立人

本籍	東京　都道府県　〇〇区〇〇町〇丁目〇番
住所	〒〇〇〇－〇〇〇〇　電話〇〇（〇〇〇〇）〇〇〇〇　東京都〇〇区〇〇町〇丁目〇番〇号　（　　方）
フリガナ　氏名	ヒガシヤマ　イチロウ　東山一郎　昭和・平成〇〇年〇月〇日生
不在者との関係	1　配偶者　②　父母　3　兄弟姉妹　4　その他（　　）

不在者

本籍	東京　都道府県　〇〇区〇〇町〇丁目〇番
従来の住所	〒〇〇〇－〇〇〇〇　電話（　　）　東京都〇〇区〇〇町〇丁目〇番〇号　（　　方）
フリガナ　氏名	ヒガシヤマ　タロウ　東山太郎　大正・昭和・平成〇〇年〇月〇日生
生死不明となった年月日	昭和・平成〇年〇月〇日　生死不明となった場所　〇〇〇〇〇

（注）太枠の中だけ記入してください。

（1／2）

申 立 て の 趣 旨
不在者に対し，失踪の宣告を求める。

申 立 て の 理 由
① 7年以上生死不明のため。 2 戦地に臨み，戦争の終了した後，1年以上生死不明のため。 3 乗った船が沈没し，その後，1年以上生死が不明のため。 4 死亡の原因となる危難に遭い，その危難が去った後1年以上生死が不明のため。 5 その他 （その具体的な実情の詳細） 1 申立人は，不在者の父です。 2 不在者は，平成〇年〇月〇日の朝，平常どおり会社へ出勤し，同日夜8時ころ，仕事で帰りが遅くなるとの電話連絡がありましたが，帰宅しませんでした。 　申立人は，警察に捜索願いをするとともに，親戚，知人，友人に照会して不在者の行方を探しましたが，その所在は今日まで判明しません。 3 不在者が行方不明となって7年以上が経過し，その生死が不明であり，また，不在者が申立人のもとへ帰来する見込みもありませんので，申立ての趣旨のとおりの審判を求めます。

（注）太枠の中だけ記入してください。

（2／2）

資料10　後見開始決定申立書等例

最高裁判所HPより

（申立書例）

【令和3年4月版】

申立後は，家庭裁判所の許可を得なければ申立てを取り下げることはできません。
※　太わくの中だけ記載してください。
※　該当する部分の□にレ点（チェック）を付けてください。

記載例（後見開始）

受付印

申立書を提出する裁判所	
	作成年月日

（ ☑後見 □保佐 □補助 ） 開始等申立書
※ 該当するいずれかの部分の□にレ点（チェック）を付けてください。

収入印紙（申立費用） 円	※ 収入印紙（申立費用）をここに貼ってください。 後見又は保佐開始のときは，800円分 保佐又は補助開始＋代理権付与又は同意権付与のときは，1，600円分 保佐又は補助開始＋代理権付与＋同意権付与のときは，2，400円分 【注意】貼った収入印紙に押印・消印はしないでください。 　　　　収入印紙（登記費用）2，600円分はここに貼らないでください。
収入印紙（登記費用） 円	
予納郵便切手 円	

○○ 家庭裁判所 　　（支部）　出張所　御中 令和○年○月○日	準口頭　　関連事件番号　　年（家　）第　　号
	申立人又は同手続 代理人の記名押印　　甲　野　花　子　㊞

平日（午前9時～午後5時）に連絡が取れる電話及び携帯電話の番号を正確に記載してください。

申立人	住所	〒○○○－○○○○ ○○県○○市○○町○丁目○番○号 電話　○○（○○○○）○○○○　　携帯電話　○○○（○○○○）○○○○	
	ふりがな 氏　名	こうの　　はなこ 甲　野　花　子	□ 大正 ☑ 昭和　○年○月○日生 □ 平成　　（○○ 歳）
	本人との関係	□本人　☑配偶者　□親　□子　□孫　□兄弟姉妹　□甥姪 □その他の親族（関係：　　　　）　□市区町村長 □その他（　　　　）	

手続代理人	住所 （事務所等）	〒　－　　　　※法令により裁判上の行為をすることができる代理人又は弁護士を記載してください。 電話　（　　）　　　　ファクシミリ　（　　）	
	氏　名		

成年後見人を選任する必要がある方について記載してください。

本人	本　籍 （国籍）	○○　都道府県　○○市○○町○○番地	
	住民票上の住所	☑ 申立人と同じ 〒　－ 電話　○○（○○○○）	
	実際に住んでいる場所	□ 住民票上の住所と同じ 〒○○○－○○○○　※病院や施設の場合は，所在地，名称，連絡先を記載してください。 ○○県○○市○○町○丁目○番○号 病院・施設名（ ○○病院 ）電話　○○（○○○○）○○○○	
	ふりがな 氏　名	こうの　　たろう 甲　野　太　郎	□ 大正 ☑ 昭和　○年○月○日生 □ 平成　　（○○ 歳）

1

<table>
<tr><th colspan="2" style="text-align:center">申　立　て　の　趣　旨</th></tr>
</table>

申　立　て　の　趣　旨
※　該当する部分の□にレ点（チェック）を付けてください。

☑　本人について**後見**を開始するとの審判を求める。

□　本人について**保佐**を開始するとの審判を求める。
※　以下は，必要とする場合に限り，該当する部分の□にレ点（チェック）を付けてください。なお，保佐開始申立ての場合，民法１３条１項に規定されている行為については，同意権付与の申立ての必要はありません。

　　□　本人のために別紙代理行為目録記載の行為について**保佐人に代理権を付与する**との審判を求める。

　　□　本人が民法１３条１項に規定されている行為のほかに，下記の行為（日用品の購入その他日常生活に関する行為を除く。）をするにも，**保佐人の同意を得なければならない**との審判を求める。

記

_____

_____

□　本人について**補助**を開始するとの審判を求める。
※　以下は，少なくとも１つは，該当する部分の□にレ点（チェック）を付けてください。

　　□　本人のために別紙代理行為目録記載の行為について**補助人に代理権を付与する**との審判を求める。

　　□　本人が別紙同意行為目録記載の行為（日用品の購入その他日常生活に関する行為を除く。）をするには，**補助人の同意を得なければならない**との審判を求める。

申　立　て　の　理　由

本人は，（※　　　**認知症**　　　）により
判断能力が欠けているのが通常の状態又は判断能力が（著しく）不十分である。
※　診断書に記載された診断名（本人の判断能力に影響を与えるもの）を記載してください。

申　立　て　の　動　機
※　該当する部分の□にレ点（チェック）を付けてください。

本人は，
☑ 預貯金等の管理・解約　□ 保険金受取　□ 不動産の管理・処分　☑ 相続手続
□ 訴訟手続等　□ 介護保険契約　□ 身上保護（福祉施設入所契約等）
□ その他（　　　　　　　　　　）
の必要がある。

※　上記申立ての理由及び動機について具体的な事情を記載してください。書ききれない場合は別紙★を利用してください。★Ａ４サイズの用紙をご自分で準備してください。

　　本人は，○年程前から認知症で○○病院に入院しているが，その症状は回復の見込みがなく，日常的に必要な買い物も一人でできない状態である。

　　令和○年○月に本人の弟である甲野次郎が亡くなり遺産分割の必要が生じたことから本件を申し立てた。申立人も病気がちなので，成年後見人には，健康状態に問題のない長男の甲野夏男を選任してもらいたい。

（左側縦書き）この申立てをするに至ったいきさつや事情をわかりやすく記載してください。

2

<table>
<tr>
<td rowspan="5" style="writing-mode: vertical;">法人の場合には、商業登記簿上の名称又は商号、代表者名及び主たる事務所又は本店の所在地を適宜の欄を使って記載してください。</td>
<td rowspan="5">成年後見人等候補者</td>
<td colspan="2">
☐ 家庭裁判所に一任　※　以下この欄の記載は不要
☐ 申立人　※　申立人が候補者の場合は、以下この欄の記載は不要
☑ 申立人以外の〔 ☑ 以下に記載の者 　☐ 別紙★に記載の者 〕★A4サイズの用紙をご自分で準備してください。
</td>
</tr>
<tr>
<td>住 所</td>
<td>〒　　－

申立人の住所と同じ

電話　○○（○○○○）○○○○　　携帯電話　○○○（○○○○）○○○○</td>
</tr>
<tr>
<td>ふりがな

氏　名</td>
<td>
こうの　　　　なつお

甲 野　夏 男</td>
<td>
☑ 昭和　　○ 年 ○ 月 ○ 日 生
☐ 平成　　　　　　（ ○○ 歳）</td>
</tr>
<tr>
<td>本人との
関　係</td>
<td colspan="2">
☑ 親　族：☐ 配偶者　☐ 親　☑ 子　☐ 孫　☐ 兄弟姉妹
　　　　　　☐ 甥姪　　☐ その他（関係：　　　　　　　　）
☐ 親族外：（関係：　　　　　　　　　　　　　　　　　）</td>
</tr>
</table>

手続費用の上申

☐ 手続費用については、本人の負担とすることを希望する。

※ 申立手数料、送達・送付費用、後見登記手数料、鑑定費用の全部又は一部について、本人の負担とすることが認められる場合があります。

<table>
<tr>
<td rowspan="2">添付書類</td>
<td>
※ 同じ書類は本人1人につき1通で足ります。審理のために必要な場合は、追加書類の提出をお願いすることがあります。
※ 個人番号（マイナンバー）が記載されている書類は提出しないようにご注意ください。</td>
</tr>
<tr>
<td>
☑ 本人の戸籍謄本（全部事項証明書）
☑ 本人の住民票又は戸籍附票
☑ 成年後見人等候補者の住民票又は戸籍附票
　（成年後見人等候補者が法人の場合には、当該法人の商業登記簿謄本（登記事項証明書））
☑ 本人の診断書
☑ 本人情報シート写し
☑ 本人の健康状態に関する資料
☑ 本人の成年被後見人等の登記がされていないことの証明書
☑ 本人の財産に関する資料
☑ 本人が相続人となっている遺産分割未了の相続財産に関する資料
☑ 本人の収支に関する資料
☐ （保佐又は補助開始の申立てにおいて同意権付与又は代理権付与を求める場合）同意権、代理権を要する行為に関する資料（契約書写しなど）
☐ 成年後見人等候補者が本人との間で金銭の貸借等を行っている場合には、その関係書類（後見人等候補者事情説明書4項に関する資料）</td>
</tr>
</table>

3

（申立事情説明書）

【令和3年4月版】
（令和3年11月修正）

申 立 事 情 説 明 書

※　申立人が記載してください。申立人が記載できないときは、本人の事情をよく理解している方が
記載してください。
※　記入式の質問には、自由に記載してください。選択式の質問には、該当する部分の□にチェック
を付けてください。

令和 ○ 年 ○ 月 ○ 日

作成者の氏名　**甲 野　花 子**　　　㊞

（作成者が申立人以外の場合は、本人との関係：＿＿＿＿＿＿＿＿＿）

作成者（申立人を含む。）の住所
☑　申立書の申立人欄記載のとおり
□　次のとおり
〒＿＿＿－＿＿＿＿
住所：＿＿＿＿＿＿＿＿＿＿＿＿＿＿＿＿＿＿＿＿＿

裁判所からの電話での連絡について
平日（午前9時～午後5時）の連絡先：電話　○○○　（　○○○○　）　○○○○
（☑携帯・□自宅・□勤務先）

・　裁判所名で電話することに支障がありますか。　☑電話してもよい　□支障がある
・　裁判所から連絡するに当たり留意すべきこと（電話することに支障がある時間帯等）があれ
ば記載してください。
特になし

【本人の状況について】
1　本人の生活場所について
(1)　現在の生活場所について
□　自宅又は親族宅
同居者　→　□　なし（1人暮らし）
□　あり　※　同居している方の氏名・本人との続柄を記載してください。
（氏名：＿＿＿＿＿＿＿＿　本人との続柄：＿＿＿＿＿）
（氏名：＿＿＿＿＿＿＿＿　本人との続柄：＿＿＿＿＿）
（氏名：＿＿＿＿＿＿＿＿　本人との続柄：＿＿＿＿＿）
最寄りの公共交通機関（※　わかる範囲で記載してください。）
（電車）最寄りの駅：＿＿＿＿＿＿線＿＿＿＿＿＿駅
（バス）最寄りのバス停：＿＿＿＿＿バス（＿＿＿＿行き）＿＿＿＿下車
☑　病院又は施設（入院又は入所の日：昭和・平成・令和 ○ 年 ○ 月 ○ 日）
名　称：　**○○病院**
所在地：〒○○○－○○○○
○○県○○市○○町○丁目○番○号
担当職員：氏名：　**○○　○○**　　役職：　**○○○○**
連絡先：電話　**○○（○○○○）○○○○**

1

　　　　最寄りの公共交通機関（※　わかる範囲で記載してください。）
　　　　（電車）最寄りの駅：＿＿＿○○○＿＿＿線＿＿○○○＿＿駅
　　　　（バス）最寄りのバス停：＿＿＿＿＿＿＿＿バス（＿＿＿＿＿行き）＿＿＿＿＿下車

　(2)　転居，施設への入所や転院などの予定について
　　　　※　申立後に転居・入所・転院した場合には，速やかに家庭裁判所までお知らせください。
　　　☑　予定はない。
　　　□　予定がある。（□　転居　　□　施設への入所　　□　転院）
　　　　　時期：令和　　　　年　　　　月頃
　　　　　施設・病院等の名称：＿＿＿＿＿＿＿＿＿＿＿＿
　　　　　転居先，施設・病院等の所在地：〒＿＿＿＿　−　＿＿＿＿＿
　　　　　＿＿＿＿＿＿＿＿＿＿＿＿＿＿＿＿＿＿＿＿＿＿＿＿＿＿＿

2　本人の略歴（家族関係（結婚，出産など）及び最終学歴・主な職歴）をわかる範囲で記載してください。

年　月	家族関係	年　月	最終学歴・主な職歴
昭○・○	出生	昭○・○	○○学校を卒業
昭○・○	花子と婚姻	昭○・○	○○株式会社に就職
・		平○・○	同退職
・		・	
・		・	

3　本人の病歴（病名，発症時期，通院歴，入院歴）をわかる範囲で記載してください。
　　病　　名：＿＿＿＿＿＿認知症＿＿＿＿＿＿＿＿
　　発症時期：＿平成 ○ 年　○ 月頃＿＿＿＿＿＿＿
　　通 院 歴：＿＿＿＿年＿＿＿月頃　〜　＿＿年＿＿＿月頃＿
　　入 院 歴：＿平成 ○ 年　○ 月頃　〜　＿＿年＿＿＿月頃＿

　　病　　名：＿＿＿＿＿＿＿＿＿＿＿＿＿＿＿＿
　　発症時期：＿＿＿＿年＿＿＿月頃＿＿＿＿＿＿＿
　　通 院 歴：＿＿＿＿年＿＿＿月頃　〜　＿＿年＿＿＿月頃＿
　　入 院 歴：＿＿＿＿年＿＿＿月頃　〜　＿＿年＿＿＿月頃＿

4　福祉に関する認定の有無等について
　　　　※　当てはまる数字を○で囲んでください。
　　　☑　介護認定　（認定日：**平成 ○ 年　○ 月**）
　　　　　□　要支援（1・2）　☑　要介護（1・2・③・4・5）
　　　　　□　非該当　　　　　□　認定手続中

2

□　障害支援区分（認定日：＿＿＿＿年＿＿＿＿月）
　　□　区分（1・2・3・4・5・6）　　　□　非該当　　　□　認定手続中
□　療育手帳（愛の手帳など）　　（手帳の名称：＿＿＿＿＿＿＿＿＿）（判定：＿＿＿＿＿＿＿）
□　精神障害者保健福祉手帳　　　（1・2・3　級）
□　身体障害者手帳　　　　　　　（1・2・3・4・5・6　級）
□　いずれもない。

5　本人の日常・社会生活の状況について
　☑　本人情報シート写しを提出する。

> 以下の(1)から(6)までは，本人情報シート写しを提出しない場合の記載例です。

　　※　以下の(1)から(6)までの記載は不要です。
　□　本人情報シート写しを提出しない。
　　※　以下の(1)から(6)までについて，わかる範囲で記載してください。

(1)　身体機能・生活機能について
　　ア　食事，入浴，着替え，移動等の日常生活に関する支援の要否を記載してください。なお，自宅改修や福祉器具等を利用することで他者の支援なく日常生活を営むことができている場合には，「支援の必要はない。」にチェックを付してください。
　　　　□　支援の必要はない。
　　　　☑　一部について支援が必要である。
　　　　　　※　必要な支援について具体的に記載してください。

　　　　　　　　入浴や着替えについては介助が必要である。

　　　　□　全面的に支援が必要である。

　　イ　今後，支援等に関する体制の変更や追加的対応が必要な場合は，その内容等を記載してください。

　　本人が退院した場合，私も病気がちであることから，本人との同居は難しく，老人ホームの入所を検討したい。

(2)　認知機能について
　　日によって変動することがあるか：☑　あり　□　なし
　　※　以下のアからエまでにチェックを付してください（「あり」の場合は，良い状態を念頭にチェックを付してください。）。

　　ア　日常的な行為に関する意思の伝達について
　　　　※　「日常的な行為」は，食事，入浴等の日課や来訪する福祉サービス提供者への対応など，普段の本人の生活環境の中で行われるものを想定してください。
　　　　□　意思を他者に伝達できる。
　　　　　　（日常生活上問題ない程度に自らの意思を伝達できる。）
　　　　☑　伝達できない場合がある。
　　　　　　（正確な意思を伝えることができずに日常生活上問題を生じることがある。）
　　　　□　ほとんど伝達できない。
　　　　　　（空腹である，眠いなどごく単純な意思は伝えることはできるが，それ以外の意思については伝えることができない。）
　　　　□　できない。
　　　　　　（ごく単純な意思も伝えることができない。）

3

イ 日常的な行為に関する理解について
  □ 理解できる。
    （起床・就寝の時刻や，食事の内容等について回答することができる。）
  ☑ 理解できない場合がある。
    （上記の点について，回答できるときとできないときがある。）
  □ ほとんど理解できない。
    （上記の点について，回答できないことが多い。）
  □ 理解できない。
    （上記の点について，基本的に回答することができない。）

ウ 日常的な行為に関する短期的な記憶について
  □ 記憶できる。
    （直前にしていたことや示したものなどを正しく回答できる。）
  ☑ 記憶していない場合がある。
    （上記の点について，回答できるときとできないときがある。）
  □ ほとんど記憶できない。
    （上記の点について，回答できないことが多い。）
  □ 記憶できない。
    （上記の点について，基本的に回答することができない。）

エ 本人が家族等を認識できているかについて
  □ 正しく認識している。
    （日常的に顔を合わせていない家族又は友人等についても会えば正しく認識できる。）
  ☑ 認識できていないところがある。
    （日常的に顔を合わせている家族又は友人等は基本的に認識できるが，それ以外は難しい。）
  □ ほとんど認識できていない。
    （日常的に顔を合わせている家族又は友人等と会っても認識できないことが多い。）
  □ 認識できていない。
    （日常的に顔を合わせている家族又は友人・知人と会っても基本的に認識できない。）

(3) 日常・社会生活上支障となる行動障害について
※ 「行動障害」とは，外出すると戻れない，物を壊す，大声を出すなど，社会生活上，場面や目的からみて不適当な行動のことをいいます。
□ 支障となる行動はない。　　　□ 支障となる行動はほとんどない。
☑ 支障となる行動がときどきある。　□ 支障となる行動がある。
※ 支障となる行動の具体的内容及び頻度等を記載するとともに，当該行動について支援が必要な場合は，その支援の具体的内容を併せて記載してください。

病院内の自室やトイレの場所がわからず困惑することがあるので，誘導が必要となる。

4

(4) 社会・地域との交流頻度について
　ア　家族・友人との交流，介護サービスの利用，買い物，趣味活動等によって，本人が日常的にどの程度，社会・地域と接点を有しているかについて，その交流する頻度を回答してください。
　　　☑ 週1回以上　□ 月1回以上　□ 月1回未満

　イ　交流内容について具体的に記載してください。
　　　週に1回以上は家族が入院先へお見舞いに行って本人と話をしている。

_____

(5) 日常の意思決定について
　※　「日常の意思決定」とは，毎日の暮らしにおける活動に関する意思決定のことをいいます。
　□　できる。
　　　（毎日の暮らしにおける活動に関して，あらゆる場面で意思決定できる。）
　☑　特別な場合を除いてできる。
　　　（テレビ番組や献立，服の選択等については意思決定できるが，治療方針等や居住環境の変更の決定は指示・支援を必要とする。）
　□　日常的に困難である。
　　　（テレビ番組や献立，服の選択等についてであれば意思決定できることがある。）
　□　できない。
　　　（意思決定が全くできない，あるいは意思決定できるかどうか分からない。）

(6) 金銭の管理について
　※　「金銭の管理」とは，所持金の支出入の把握，管理，計算等を指します。
　□　本人が管理している。
　　　（多額の財産や有価証券等についても，本人が全て管理している。）
　□　親族又は第三者の支援を受けて本人が管理している。
　　　（通帳を預かってもらいながら，本人が自らの生活費等を管理している。）
　　→支援者（氏名：_____　本人との関係：_____）
　　　支援の内容（_____）
　☑　親族又は第三者が管理している。
　　　（本人の日々の生活費も含めて第三者等が支払等をして管理している。）
　　→管理者（氏名：**甲野　花子**　本人との関係：**妻**）
　　　管理の内容（**預貯金通帳の管理を含めて，金銭管理は私が行っている。**）

【申立ての事情について】
1　本人について，これまで家庭裁判所の成年後見制度の手続を利用したり，どなたかとの間で任意後見契約を締結したことがありますか。
　☑　なし
　□　あり　→　_____年____月頃
　　　　　　□　家庭裁判所の成年後見制度の手続を利用したことがある。
　　　　　　　　利用した裁判所：_____家庭裁判所_____支部・出張所
　　　　　　　　事件番号：_____年（家）第_____号
　　　　　　　　□ 後見開始　□ 保佐開始　□ 補助開始　□ その他（_____）

5

申立人氏名：＿＿＿＿＿＿＿＿＿＿

☐　任意後見契約を締結したことがある。
公正証書を作成した公証人の所属：＿＿＿＿＿＿法務局
証書番号：＿＿＿＿年第＿＿＿＿＿号
証書作成年月日：＿＿＿＿年＿＿月＿＿日
登記番号：第＿＿＿＿＿－＿＿＿＿＿号
任意後見受任者氏名：＿＿＿＿＿＿＿＿＿＿

2　本人には，今回の手続をすることを知らせていますか。
※　本人が申立人の場合は記載不要です。
☐　申立てをすることを説明しており，知っている。
　申立てについての本人の意見　　　　☐　賛成　☐　反対　☐　不明
　後見人等候補者についての本人の意見　☐　賛成　☐　反対　☐　不明
☑　申立てをすることを説明したが，理解できていない。
☐　申立てをすることを説明しておらず，知らない。
☑　その他（　**本人にはできる限りわかりやすい言葉や図による説明を複数回行ったが、その都度、新しい説明を聞くという印象で、説明を理解することは難しいと感じられた。**　）

3　本人の推定相続人について
(1)　本人の推定相続人について氏名，住所等をわかる範囲で記載してください。
　※　欄が不足する場合は，別紙★に記載してください。★A4サイズの用紙をご自分で準備してください。
　※　推定相続人とは，仮に本人が亡くなられた場合に相続人となる方々です。具体的には，「親族の意見書について」の2をご参照ください。
　※　「意見1」欄にはこの申立てに関するその方の意見について，「意見2」欄には後見人等候補者に関するその方の意見を，該当する部分の☐にそれぞれチェックを付してください。（「一任」とは，家庭裁判所の判断に委ねることを指します。）

氏　名	年齢	続柄	住　所	意見1	意見2
甲野　花子	○○	妻	〒　**申立書に記載のとおり** ☐　親族の意見書記載のとおり ☐　本人と同じ	☑賛成 ☐反対 ☐一任 ☐不明	☑賛成 ☐反対 ☐一任 ☐不明
甲野　夏男	○○	子	〒　**同上** ☐　親族の意見書記載のとおり ☐　本人と同じ	☑賛成 ☐反対 ☐一任 ☐不明	☑賛成 ☐反対 ☐一任 ☐不明
甲野　冬子	○○	子	〒 ☑　親族の意見書記載のとおり ☐　本人と同じ	☑賛成 ☐反対 ☐一任 ☐不明	☑賛成 ☐反対 ☐一任 ☐不明
甲野　良男	○○	孫	〒 ☑　親族の意見書記載のとおり ☐　本人と同じ	☑賛成 ☐反対 ☐一任 ☐不明	☑賛成 ☐反対 ☐一任 ☐不明
甲野　良子	○○	孫	〒 ☑　親族の意見書記載のとおり ☐　本人と同じ	☑賛成 ☐反対 ☐一任 ☐不明	☑賛成 ☐反対 ☐一任 ☐不明
			〒 ☐　親族の意見書記載のとおり	☐賛成 ☐反対 ☐一任	☐賛成 ☐反対 ☐一任

6

			本人と同じ	□ 不明	□ 不明
		〒		□ 賛成	□ 賛成
				□ 反対	□ 反対
		□ 親族の意見書記載のとおり		□ 一任	□ 一任
			□ 本人と同じ	□ 不明	□ 不明
		〒		□ 賛成	□ 賛成
				□ 反対	□ 反対
		□ 親族の意見書記載のとおり		□ 一任	□ 一任
			□ 本人と同じ	□ 不明	□ 不明

(2) (1)で挙げた方のうち，この申立てに反対の意向を示している方や意向が不明な方，親族の意見書を提出していない方がいる場合には，その方の氏名及びその理由等を具体的に記載してください。

氏　　名	理由等
	□ 親族の意見書記載のとおり
	□ 親族の意見書記載のとおり
	□ 親族の意見書記載のとおり
	□ 親族の意見書記載のとおり
	□ 親族の意見書記載のとおり

4　本人に関し何らかの相談をし又は何らかの援助を受けた福祉機関があれば，チェックを付して，その名称を記載してください。
- □ 地域包括支援センター（名称：＿＿＿＿＿＿＿＿＿＿＿＿）
- □ 権利擁護センター　　（名称：＿＿＿＿＿＿＿＿＿＿＿＿）
- □ 社会福祉協議会　　　（名称：＿＿＿＿＿＿＿＿＿＿＿＿）
- □ その他　　　　　　　（名称：＿＿＿＿＿＿＿＿＿＿＿＿）
- ☑ 相談をし又は援助を受けた福祉機関はない。

5　成年後見人等候補者がいる場合は，その方が後見人等にふさわしい理由を記載してください。また，家庭裁判所に一任する（家庭裁判所の判断に委ねる）場合には，その理由や事情（例：近隣に候補者となる親族がいないなど）を記載してください。
※　家庭裁判所の判断により，候補者以外の方を成年後見人等に選任する場合があります。

　　　私たち夫婦と〇年前から同居し，本人が入院してからも病院との連絡は候補者が行っており，本人の状況について一番詳しいため。

7

6　家庭裁判所まで本人が来ることは可能ですか。

☑ 可能である。

□ 不可能又は困難である。

　　理由：＿＿＿＿＿＿＿＿＿＿＿＿＿＿＿＿＿＿＿＿＿＿＿＿＿＿＿＿＿＿＿

7　本人に申立ての事情等をお伺いする場合の留意点（本人の精神面に関し配慮すべき事項等）があれば記載してください。

　　　日程調整については，本人の入院先の担当○○さん（電話番号○○－○○○○－○○○○）に連絡してください。

＿＿＿＿＿＿＿＿＿＿＿＿＿＿＿＿＿＿＿＿＿＿＿＿＿＿＿＿＿＿＿＿＿＿＿＿＿＿

＿＿＿＿＿＿＿＿＿＿＿＿＿＿＿＿＿＿＿＿＿＿＿＿＿＿＿＿＿＿＿＿＿＿＿＿＿＿

8

（相続関係図例）

親 族 関 係 図

【令和3年4月版】

※ 申立人や成年後見人等候補者が本人と親族関係にある場合には，申立人や
　 成年後見人等候補者について必ず記載 してください。

※ 本人の推定相続人その他の親族については，わかる範囲で記載してください。
　　（推定相続人とは，仮に本人が亡くなられた場合に相続人となる方々です。
　　　具体的には，「親族の意見書について」の2をご参照ください。）

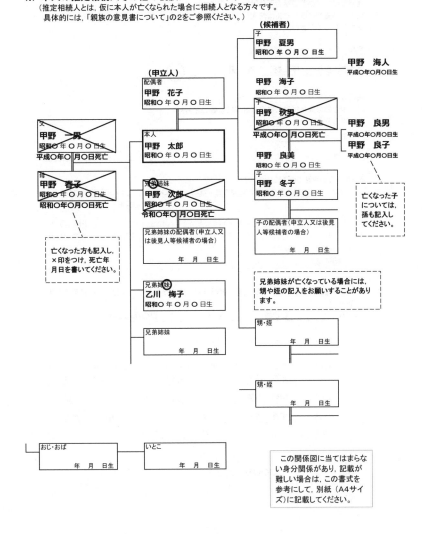

（後見人等候補者事情説明書例）

【令和3年4月版】

後見人等候補者事情説明書

※　候補者の方が記載してください。
※　候補者の方がいない場合には提出は不要です。
※　記入式の質問には，自由に記入してください。選択式の質問には，該当する部分の□にチェックを付してください。

　　　令和 ○ 年 ○ 月 ○ 日

　　　候補者の氏名　　**甲　野　夏　男**　　　　㊞

　　　候補者の住所
　　　☑　申立書の成年後見人等候補者欄に記載のとおり
　　　□　次のとおり
　　　　　〒_____ － _____
　　　　　住所：_____

　　　裁判所からの電話での連絡について
　　　　　平日（午前9時～午後5時）の連絡先：電話　　**○○○　（　○○○○　）　○○○○**
　　　　　　　　　　　　　　　　　　　　　　　　（☑携帯・□自宅・□勤務先）

　　・　裁判所名で電話することに支障がありますか。　☑電話してもよい・□支障がある
　　・　裁判所から連絡するに当たり留意すべきこと（電話することに支障がある時間帯等）があれば記載してください。
　　　　　特になし

1　あなたの現在の生活状況，健康状態，経歴など（法人が候補者の場合には記載不要です。）
　(1)　職業
　　　（職種：_____**会社員**_____　勤務先名：_____**○○株式会社**_____）

　(2)　あなたと同居している方を記載してください。
　　　□　同居者なし
　　　☑　同居者あり　※　同居している方の氏名・年齢・あなたとの続柄を記載してください。
　　　　　（氏名：___**甲野　花子**___　年齢：__**○○**__　あなたとの続柄：__**母**__）
　　　　　（氏名：___**甲野　海子**___　年齢：__**○○**__　あなたとの続柄：__**妻**__）
　　　　　（氏名：___**甲野　海人**___　年齢：__**○○**__　あなたとの続柄：__**長男**__）
　　　　　（氏名：_____　年齢：_____　あなたとの続柄：_____）

　(3)　収入等
　　　収入（年収）（_____**○○○万**_____円）
　　　資産
　　　□　不　動　産

1

☑　預　貯　金（＿＿**〇〇〇万**＿＿円）
□　有　価　証　券
□　そ　の　他（内容：＿＿＿＿＿＿＿＿＿＿＿＿＿＿＿＿＿）
負債（借金）
□　住　宅　ローン（＿＿＿＿＿＿＿＿円）
☑　自動車ローン（＿＿＿**〇〇万**＿＿円）
□　消　費　者　金融（＿＿＿＿＿＿＿円）
□　そ　の　他（内容：＿＿＿＿＿＿＿＿＿）（金額：＿＿＿＿＿＿＿円）

(4)　あなたとともに生計を立てている方がいる場合又はあなた以外の方の収入で生計を立てている場合には，その方の続柄と収入を記載してください。
　　あなたとの続柄（＿＿**妻**＿＿）・収入（年収）（＿＿**〇〇〇万**＿＿円）

(5)　あなたの現在の健康状態（差し支えない範囲で記載してください。）
　　☑　健康体である。
　　□　具合が悪い。（具体的な症状：＿＿＿＿＿＿＿＿＿＿＿＿＿）
　　□　通院治療中である。
　　　（傷病名：＿＿＿＿＿＿＿　通院の頻度：＿＿か月に＿＿回程度）

(6)　あなたの経歴（最終学歴・主な職歴）について書いてください（差し支えない範囲で記載してください。）

年　月	経　歴	年　月	経　歴
平〇・〇	〇〇学校を卒業	・	
平〇・〇	〇〇株式会社に就職	・	
・		・	
・		・	
・		・	

2　あなたは，次のいずれかに該当しますか。
　□　次の事項に該当する。
　　□　未成年者である。
　　□　家庭裁判所で成年後見人，保佐人，補助人等を解任されたことがある。
　　□　破産手続開始決定を受けたが，免責許可決定を受けていないなどで復権していない。
　　□　現在，本人との間で訴訟をしている又は過去に訴訟をした。
　　□　あなたの〔□配偶者　□親　□子〕が，現在，本人との間で訴訟をしている又は過去に訴訟をした。
　☑　いずれにも該当しない。

2

3　あなたと本人との日常の交流状況（同居の有無，家計状況，面会頻度，介護，援助，事務等）

(1)　本人との関係　☑ 本人の親族（続柄：　**子**　）　□ その他（＿＿＿＿＿＿＿＿＿）

(2)　本人との同居の有無
　　現在，本人と　□ 同居中である。（同居を開始した時期＿＿＿＿＿年＿＿月〜）
　　　　　　　　　☑ 別居中である。

(3)　本人との家計の状況
　　現在，本人と　□ 家計が同一である。　☑ 家計は別である。

(4)　※　本人と別居中である方のみ回答してください。
　　本人との面会の状況　☑ 月に（**4**）回程度　□ 2〜3か月に1回程度
　　　　　　　　　　　　□ 半年に1回程度　□ 年に1回程度
　　　　　　　　　　　　□ ほとんど会っていない　□ その他（＿＿＿＿＿＿＿＿＿）

(5)　あなたが本人のために介護や援助など行っていることがあれば記載してください。
　　本人が入院してから入院先の病院と連絡を取っており，週1回，面会に行っている。

4　あなたと本人との間で，金銭の貸借，担保提供，保証，立替えを行っている関係がありますか。
・　金銭貸借　☑ なし　□ あり（具体的な金額，内容＿＿＿＿＿＿＿＿＿＿＿）
・　担保提供　☑ なし　□ あり（具体的な金額，内容＿＿＿＿＿＿＿＿＿＿＿）
・　保証　　　☑ なし　□ あり（具体的な金額，内容＿＿＿＿＿＿＿＿＿＿＿）
・　立替払　　☑ なし　□ あり（具体的な金額，内容＿＿＿＿＿＿＿＿＿＿＿）
　※　あなたが立て替えた金銭が「あり」の場合，本人に返済を求める意思がありますか。
　　　□ 返済を求める意思はない。　□ 返済を求める意思がある。

　※　「あり」に該当する項目がある場合は，関係書類（借用書，担保権設定契約書，保証に関する書類，領収書，立替払を示す領収書・出納帳等）のコピーを添付してください。

5　あなたが候補者となった経緯や事情を記載してください。
　　〇年前から本人を含む両親と二世帯住宅で同居して面倒を看てきており，本人が入院してからも前述のとおり入院先の病院と連絡を取るなど，本人の状況を把握していることから，私が候補者となった。

6　本人の財産管理と身上保護（療養看護）に関する今後の方針，計画
　　□ 現状を維持する（本人の財産状況，身上保護状況が変化する見込みはない。）。
　　☑ 以下のとおり，**財産状況**が変化する見込みである。
　　　（大きな収支の変動，多額の入金の予定など，具体的な内容を記載してください。）
　　本人の弟である甲野次郎が令和〇年〇月に亡くなり，遺産分割手続が行われる予定で，財産を取得する可能性がある。

3

☑ 以下のとおり，**身上保護（療養看護）**の状況が変化する見込みである。
（必要となる医療や福祉サービス，身の回りの世話など，具体的な内容を記載してください。）

本人が退院した場合，申立人の体調を考えると同居は難しいので，将来的には老人ホーム

の入所を検討したい。

7　成年後見人・保佐人・補助人の選任の手続について

　成年後見人・保佐人・補助人の選任の手続について，次のことを理解していますか。理解している事項の□にチェックを付してください。

☑　家庭裁判所が，あなた以外の人を成年後見人・保佐人・補助人に選任する場合があること。

☑　あなたを成年後見人・保佐人・補助人に選任するとともに成年後見監督人・保佐監督人・補助監督人を選任する場合があること。

☑　誰を成年後見人・保佐人・補助人に選任するかという家庭裁判所の判断については，不服の申立てができないこと。

8　成年後見人・保佐人・補助人の役割及び責任について

(1) 家庭裁判所に備え付けているＤＶＤ，裁判所ウェブサイトの後見ポータルサイト又はその他の説明資料をご覧になるなどして，成年後見人・保佐人・補助人の役割や責任を理解していますか。

　　☑　理解している。

　　□　理解できないところがある。又は疑問点がある。
　　　　（理解できないところや疑問点について記載してください。）

_____

　　□　理解できていない。
　　　　→　家庭裁判所に備え付けているＤＶＤ，裁判所ウェブサイトの後見ポータルサイト又はその他の説明資料などで，成年後見人・保佐人・補助人の役割や責任について説明していますので，そちらをご覧になってください。

(2) あなたが成年後見人・保佐人・補助人に選任された場合には次のことに同意しますか。

　ア　本人の意思を尊重し，本人の心身の状態や生活状況に配慮すること。

　イ　本人の財産を本人以外の者のために利用しないこと。また，投資，投機等の運用をしたり，贈与，貸付をしたり，本人に借金や保証（抵当権の設定を含む。）等をさせることがないように誠実に管理すること。

　ウ　本人の収支状況を把握し，適切に管理すること。

　エ　家庭裁判所の指示に従い，書類の提出や定期的な報告を行うなど，後見等事務の監督を受けること。

　　☑　全てに同意する。

　　□　同意できない。又は疑問点がある。
　　　　（同意できない理由や疑問点について記載してください。）

_____

4

（財産目録例）

【令和3年4月版】

財　産　目　録

令和 ○ 年 ○ 月 ○ 日　作成者氏名　**甲野　花子**　㊞

本人（　　**甲野　太郎**　　）の財産の内容は以下のとおりです。

※　以下の1から9までの財産の有無等について該当する□にチェックを付し，その内容を記載してください。

※　以下の1から8までの財産に関する資料がある場合には，「資料」欄の□にチェックを付し，当該資料の写しを添付してください。また，財産目録との対応関係がわかるように，<u>資料の写しには対応する番号を右上に付してください。</u>（例：<u>財</u>産目録の「**1**預貯金・現金」の「No.**2**」の資料の写しであれば，資料の写しの右上に「**財1-2**」と付記してください。）

※　財産の各記載欄が不足した場合には，この用紙をコピーした上で，「No.」欄の番号を連続するよう付け直してください。

1　預貯金・現金
☑　次のとおり　□　当該財産はない　□　不明

※　「口座種別」欄については，普通預貯金や通常貯金等は「普」，定期預貯金や定額貯金等は「定」の□にチェックを付し，その他の種別は下欄の□にチェックを付し，種別の名称を記載してください。

No.	金融機関の名称	支店名	口座種別	口座番号	最終確認日	残高（円）	管理者	資料
1	○○銀行		☑普□定□	10000-12345678	令和○年○月○日	1,468,422	申立人	☑
2	○○銀行	○○	☑普□定□	1234567	令和○年○月○日	749,860	同上	☑
3	○○銀行	○○	□普☑定□	2345678	令和○年○月○日	2,000,000	同上	☑
4	○○信託銀行	○○	□普☑定□	3456789	令和○年○月○日	5,000,000	同上	☑
5			□普□定□					□
6			□普□定□					□
7			□普□定□					□
8			□普□定□					□
9			□普□定□					□
10			□普□定□					□
現金（預貯金以外で所持している金銭）						0		
合　　計						9,218,282		

2　有価証券等（株式，投資信託，国債，社債，外貨預金，手形，小切手など）
☑　次のとおり　□　当該財産はない　□　不明

No.	種　類	株式の銘柄，証券会社の名称等	数量，額面金額	評価額（円）	管理者	資料
1	株式	○○電気工業	500株	1,000,000	○○証券	☑
2	投資信託	○○ファンド	200口	2,000,000	○○信託銀行	☑
3	国債	利付国債（○年）第○○回	100万円	1,000,000	○○証券	☑
4						□
5						□
合　　計				4,000,000		

1

3 生命保険，損害保険等（本人が契約者又は受取人になっているもの）
☑ 次のとおり　□ 当該財産はない　□ 不明

No.	保険会社の名称	保険の種類	証書番号	保険金額 (受取額)（円）	契約者	受取人	資料
1	○○生命保険 株式会社	**生命保険**	**11-1111**	**10,000,000**	**本人**	**申立人**	☑
2	○○損害保険 株式会社	**損害保険**	**222-222**	**10,000,000**	**本人**	**本人**	☑
3							□
4							□
5							□

4 不動産（土地）
☑ 次のとおり　□ 当該財産はない　□ 不明

No.	所　在	地　番	地　目	地積（㎡）	備考 (現状，持分等)	資料
1	**○○市○○町○丁目**	**○番○**	**宅地**	**134.56**	**自宅**	☑
2	**○○市○区○丁目**	**○番○**	**宅地**	**120.34**	丁川四郎に賃貸中 の建物№2の敷地	☑
3						□
4						□
5						□

5 不動産（建物）
☑ 次のとおり　□ 当該財産はない　□ 不明

No.	所　在	家屋番号	種　類	床面積（㎡）	備考 (現状，持分等)	資料
1	**○○市○○町○丁目○番地○**	**○番○の○**	**居宅**	1階 100.20 2階 90.50	**自宅**	☑
2	**○○市○区○丁目○番地○**	**○番○**	**居宅**	1階 92.90 2階 60.20	丁川四郎に賃貸中	☑
3						□
4						□
5						□

6 債権（貸付金，損害賠償金など）
☑ 次のとおり　□ 当該財産はない　□ 不明

No.	債務者名（請求先）	債権の内容	残額（円）	備考	資料
1	**丙山　三郎**	平成○年○月○日 1,200,000円貸付	**600,000**	預貯金№1の通帳に毎月末日 10,000円振込	□
2					□
3					□
4					□
5					□
	合　計		**600,000**		

2

7　その他（自動車など）
　　□　次のとおり　☑　当該財産はない　□　不明

No.	種類	内容	評価額（円）	備考	資料
1					□
2					□
3					□
4					□
5					□

8　負債
　　☑　次のとおり　□　負債はない　□　不明

No.	債権者名（支払先）	負債の内容	残額（円）	返済月額（円）	資料
1	○○銀行○○支店	住宅ローン	1,000,000	預貯金No.1の通帳から毎月30,000円引落し	☑
2					□
3					□
4					□
5					□
	合　　計		1,000,000		

9　遺産分割未了の相続財産（本人が相続人となっている遺産）
　　☑　相続財産がある（相続財産目録を作成して提出してください。）
　　□　相続財産はない（相続財産目録は作成する必要はありません。）
　　□　不明　　　　　（相続財産目録は作成する必要はありません。）

3

（本人収支予算表）

収 支 予 定 表

【令和3年4月版】

令和 ○ 年 ○ 月 ○ 日　　作成者氏名　　**甲野 花子**　㊞

本人（　**甲野 太郎**　）の収支予定は以下のとおりです。

※　以下の収支について記載し，資料がある場合には，「資料」欄の□にチェックを付し，当該資料の写しを添付してください。また，収支予定表との対応関係がわかるように，<u>資料の写しには対応する番号を右上に付してください。</u>（例：**収支予定表**の「**1本人の定期的な収入**」の「No.**2国民年金**」の資料の写しであれば，資料の写しの右上に「**収1－2**」と付記してください。

※　収支の各記載欄が不足した場合には，この用紙をコピーした上で，「No.」欄の番号を連続するよう付け直してください。

1 本人の定期的な収入

No.	名称・支給者等	月 額（円）	入金先口座・頻度等	資料
1	厚生年金	150,000	2か月に1回 ☑財産目録預貯金No. 1 の口座に振り込み	☑
2	国民年金（**老齢基礎年金**）	60,000	2か月に1回 ☑財産目録預貯金No. 1 の口座に振り込み	☑
3	その他の年金（　　　　）		2か月ごと，四半期ごと，1年に1回の収入などは月額に按分した金額を記載してください（割り切れない場合には，小数第一位を切り上げて記載してください。）。なお，支出の記載においても同様です。	□
4	生活保護等（　　　　）			
5	給与・役員報酬等			
6	賃料収入（家賃，地代等）	80,000	丁川四郎から毎月 ☑財産目録預貯金No. 1 の口座に振り込み	☑
7	貸付金の返済	10,000	丙山三郎から毎月 ☑財産目録預貯金No. 1 の口座に振り込み	☑
8				□
	収入の合計（月額）＝	300,000 円	年額（月額×12か月）＝ 3,600,000 円	

2 本人の定期的な支出

No.		品 目	月 額（円）	引落口座・頻度・支払方法等	資料
1		食費・日用品	10,000	現金払い	☑
2	生活費	電気・ガス・水道代等		□財産目録預貯金No. の口座から自動引き落とし	□
3		通信費		□財産目録預貯金No. の口座から自動引き落とし	□
4				□財産目録預貯金No. の口座から自動引き落とし	□
5				□財産目録預貯金No. の口座から自動引き落とし	□
6	療養費	施設費		□財産目録預貯金No. の口座から自動引き落とし	□
7		入院費・医療費・薬代	120,000	毎月20日に現金払い □財産目録預貯金No. の口座から自動引き落とし	☑
8				□財産目録預貯金No. の口座から自動引き落とし	□
9				□財産目録預貯金No. の口座から自動引き落とし	□
10				□財産目録預貯金No. の口座から自動引き落とし	□

1

11	住居費	家賃		□財産目録預貯金No.　　の口座から自動引き落とし	☐
12		地代		□財産目録預貯金No.　　の口座から自動引き落とし	☐
13				□財産目録預貯金No.　　の口座から自動引き落とし	☐
14				□財産目録預貯金No.　　の口座から自動引き落とし	☐
15				□財産目録預貯金No.　　の口座から自動引き落とし	☐
16	税金	固定資産税	20,000	5月，7月，9月及び12月に ☑財産目録預貯金No.　1　の口座から自動引き落とし	☑
17		所得税	3,000	3月に現金一括払い □財産目録預貯金No.　　の口座から自動引き落とし	☑
18		住民税	3,000	6月，8月，10月及び1月に ☑財産目録預貯金No.　1　の口座から自動引き落とし	☑
19				□財産目録預貯金No.　　の口座から自動引き落とし	☐
20				□財産目録預貯金No.　　の口座から自動引き落とし	☐
21	保険料	国民健康保険料	4,000	☑財産目録預貯金No.　1　の口座から自動引き落とし	☑
22		介護保険料	4,000	☑財産目録預貯金No.　1　の口座から自動引き落とし	☑
23		生命（損害）保険料	8,000	☑財産目録預貯金No.　1　の口座から自動引き落とし	☑
24				□財産目録預貯金No.　　の口座から自動引き落とし	☐
25				□財産目録預貯金No.　　の口座から自動引き落とし	☐
26	その他	負債の返済	30,000	住宅ローン ☑財産目録預貯金No.　1　の口座から自動引き落とし	☑
27		こづかい			☐
28				□財産目録預貯金No.　　の口座から自動引き落とし	☐
29				□財産目録預貯金No.　　の口座から自動引き落とし	☐
30				□財産目録預貯金No.　　の口座から自動引き落とし	☐
31				□財産目録預貯金No.　　の口座から自動引き落とし	☐
32				□財産目録預貯金No.　　の口座から自動引き落とし	☐
33				□財産目録預貯金No.　　の口座から自動引き落とし	☐
支出の合計（月額）＝			202,000 円	年額（月額×12か月）＝	2,424,000 円

月額　（収入の合計）－（支出の合計）＝	⊕ －	98,000 円
年額　（収入の合計）－（支出の合計）＝	⊕ －	1,176,000 円

2

資料11 成年後見監督人選任申立書例

最高裁判所HPより

受付印	家事審判申立書 事件名(成年後見監督人の選任)
	(この欄に申立手数料として1件について800円分の収入印紙を貼ってください。)
	印 紙
	(貼った印紙に押印しないでください。)
	(注意) 登記手数料としての収入印紙を納付する場合は，登記手数料としての収入印紙は貼らずにそのまま提出してください。

収入印紙	円
予納郵便切手	円
予納収入印紙	円

準口頭	関連事件番号 平成・令和 年（家 ）第 号

○ ○ 家庭裁判所 御中 令和 ○ 年 ○ 月 ○ 日	申 立 人 （又は法定代理人など） の 記 名 押 印	甲 野 夏 男 ㊞

添付書類	※ 必要な添付書類を提出していただきます。

申 立 人	本 籍 (国 籍)	(戸籍の添付が必要とされていない申立ての場合は，記入する必要はありません。)　都 道　府 県
	住 所	〒 ○○○ － ○○○○　　電話 ○○○（○○○ ）○○○○　　○○県○○市○町○番○号○○ハイツ桜山23号室　　　　　　　　　　　　　　　（　　　　方）
	連 絡 先	〒 －　　電話 （　　　）　　(注：住所で確実に連絡ができるときは記入しないでください。)　　　　　　　　　　　　　（　　　　方）
	フリガナ 氏 名	コ ウ ノ ナ ツ オ　　甲 野 夏 男　　昭和・平成・令和 ○ 年 ○ 月 ○ 日生 （ ○○ 歳）
	職 業	会 社 員
※ 成 年 被 後 見 人	本 籍 (国 籍)	(戸籍の添付が必要とされていない申立ての場合は，記入する必要はありません。)　都 道　府 県
	住 所	〒 ○○○ － ○○○○　　電話 ○○○（○○○ ）○○○○　　△△県○×市○×町○丁目○○番○号　　　　　　　　　　　　　（　　　　方）
	連 絡 先	〒 －　　電話 （　　　）　　　　　　　　　　　　　　　　　　（　　　　方）
	フリガナ 氏 名	コ ウ ノ タ ロ ウ　　甲 野 太 郎　　昭和・平成・令和 ○ 年 ○ 月 ○ 日生 （ ○○ 歳）
	職 業	無 職

(注) 太枠の中だけ記入してください。
※の部分は，申立人，法定代理人，成年被後見人となるべき者，不在者，共同相続人，被相続人等の区別を記入してください。

別表第一（1／2）

申　立　て　の　趣　旨
成年被後見人の成年後見監督人を選任する旨の審判を求めます。

申　立　て　の　理　由
1　申立人は，平成○○年○月○日，○○家庭裁判所において，成年後見人に選任されました。
2　成年被後見人の財産として預金や株式のほか，多数の不動産があり，これらの財産について
適切に後見事務が行われていることを監督してもらうため，成年後見監督人の選任を求めたい
と思います。

別表第一（　2 /2　）

[筆者紹介]

石田　健悟（司法書士・法学博士）

（略歴）

1986年　愛知県生まれ

2012年　司法書士登録、翌年より出身地の愛知県春日井市にて開業（現：石田司法書士・行政書士・社会保険労務士合同事務所）

2017年　神戸大学大学院法学研究科博士後期課程修了（専攻：民法・民事信託・任意後見）

2019年　株式会社ミライニ創業

〈主な著書〉

『資産承継・事業承継の実務―民事信託・遺言・任意後見・種類株式の活用―』（テイハン、2022年）

『相続放棄と限定承認の実務―相続の基本的な仕組みから相続財産管理人の活用まで―』（テイハン、2022年）

『民法と民事信託（理論編）―遺言、民事信託、任意後見の連携・棲み分け論―』（法論社、2018年）

離婚の実務
―合意書・調停申立書・財産分与の登記申請書の書式と理論―

2022年8月20日　初版第1刷印刷　定価：3,080円（本体価：2,800円）
2022年8月26日　初版第1刷発行

不複許製

著　者　石田　健悟
発行者　坂巻　徹

発行所　東京都文京区本郷5丁目11-3　株式会社テイハン
電話 03(3811)5312　FAX 03(3811)5545／〒113-0033
ホームページアドレス https://www.teihan.co.jp

〈検印省略〉

印刷／三美印刷株式会社
ISBN978-4-86096-156-5